D1413885

Khalil Gibran

Le Prophète

Traduit de l'anglais
et présenté
par Anne Wade Minkowski
Préface d'Adonis

Gallimard

PRÉFACE

1

Gibran Khalil Gibran, s'adressant aux poètes traditionalistes, expose son art poétique de la façon suivante[1] :

Vous qui voisinez avec le passé, sachez que nous
  nous inclinons
Vers un jour dont l'aube est brodée par le caché.
Vous êtes à la recherche du souvenir et de ses
  spectres,
Et nous, nous cherchons le spectre de l'espé-
  rance.
Vous avez parcouru la terre et ses extrêmes,
Mais nous, nous dépassons un espace pour entrer
  dans un autre.

---

1. *Splendeurs et curiosités, Œuvres complètes,* t. I.

*Ces vers ne sont pas sans rappeler d'autres vers,
ceux d'Abû Nuwâs dans lesquels ce dernier parle,
lui aussi, de son art poétique*[1] :

Mais moi, niant ce que je vois,
je dirai de mes illuminations
celles qui me viennent.

Je me prends à composer une chose
dressée dans l'illusion,
dans le nom, unique,

dans le sens, plurielle.
En la cherchant,
je cherche le lieu nulle part.

Comme si je poursuivais
la beauté d'une chose
indiscernable et devant moi.

*Chacun de ces deux poètes lie la poésie à
l'invisible, à l'infini. Cela peut se résumer ainsi :
la poésie est une vision par le cœur, ou par ce que
Gibran, dans le droit fil de l'expérience mystique,
appelle le troisième œil. On peut dire que l'expé-
rience poétique arabe moderne se meut dans les*

1. Vers cités par Adonis in *Introduction à la poétique arabe*,
Sindbad, 1985, trad. par Bassam Tahhan et Anne Wade
Minkowski.

plus hauts sommets de telle expérience, dans les plus profondes de ses dimensions, dans ses horizons.

2

Gibran, en effet, dès ses premiers textes annonce d'une voix prophétique : « Je suis venu pour dire une parole et je la dirai[1]. » Et il affirme dans une de ses lettres à Mary Haskell, datée de 1929, que l'aspiration de tout grand oriental est d' « être prophète[2] », « qui voit le caché invisible et répond à son appel », « qui écoute les secrets de l'inconnu », pour qui le connu n'est qu'un « moyen pour atteindre l'inconnu[3] ».

Gibran n'était pas poète prophétique sur le seul plan théorique. Il s'était aussi engagé dans l'histoire pour changer la réalité arabe et fonder une vie nouvelle et un homme nouveau. Il ne se limitait pas à la parole — il œuvrait et pratiquait. Dans sa production littéraire, il établissait un lien entre l'éclairage du présent (dans ses écrits critiques et révolutionnaires) et l'éclairage de l'avenir (dans son écriture visionnaire).

Ainsi pouvons-nous qualifier Gibran d'écrivain visionnaire. Si nous réfléchissons à ce qu'a

1. *Larmes et sourires*, 1914.
2. Tawfiq Sayegh, *Lumières nouvelles sur Gibran*, Beyrouth, 1966, pp. 194, 195.
3. *Œuvres complètes*, édition arabe, pp. 517, 518.

dit Ibn 'Arabi de la vision, à savoir qu'elle est une matrice, nous voyons que le sens se constitue en elle comme le fœtus dans le sein de la mère. Elle est donc une image nouvelle de la création, en laquelle le monde se renouvelle comme il se renouvelle par la naissance. Et que la vision poétique s'intéresse avant tout à la virginité du monde et à son perpétuel renouveau. Cela pourrait expliquer l'aversion du poète pour le monde visible qui est monde de l'épaisseur, de la monotonie et de l'habitude. Expliquer également que l'objet de sa préoccupation essentielle est le monde invisible en tant que lieu de ce renouveau.

La vision, si elle est dévoilement, vient totale, obscure et sans détail. Mais son obscurité est transparente. Pour saisir son contenu, il faut un autre dévoilement où le lecteur se livrera à une sorte d'extase, comme si pour lire la vision il devait avoir recours à une autre vision. La vision dévoile des rapports qui paraissent à la logique et à la raison contradictoires et illogiques, voire comme une sorte de folie. Gibran fait mention de ce troisième œil dans une de ses lettres à Mary Haskell, en 1913, en disant que l'artiste grec avait un œil plus perçant que l'artiste chaldéen ou égyptien, et aussi une main plus adroite. Mais il n'avait pas le troisième œil qu'eux possédaient. Il décrit cet œil que la Grèce n'a pu emprunter à l'Égypte, à Babylone, à la Phénicie, en disant qu'il est « vision, clairvoyance, compréhension particulière des choses qui sont plus profondes que

les profondeurs, plus hautes que les hauteurs »
(Lumières nouvelles sur Gibran, p. 195).

À propos de William Blake, il nomme cet œil
« l'œil de l'œil » et dit : « Personne ne peut com-
prendre Blake par le moyen de la raison. Seul
l'œil de l'œil peut percevoir son monde » (idem,
p. 162). Autrement formulé, c'est la raison qui
correspond à l'œil, mais c'est le cœur qui corres-
pond à l'œil de l'œil. La raison, comme l'œil, ne
peut dépasser le stable, le clair. Le cœur va plus
loin, vers ce qui n'est pas encore advenu, vers
l'avenir. Et si la raison enferme, le cœur, lui,
libère. Celui qui explique « le cœur par la raison
n'a aucune connaissance des vérités ». Comme
disait Ibn 'Arabi[1], bien plus, le cœur dévoile ce
que la raison considère impossible. Le cœur ici
est autre nom de l'imagination telle que la conce-
vait Ibn 'Arabi, lorsqu'il disait : « Comme est
immense la présence de l'imagination en laquelle
apparaît l'impossible. En vérité, ce qui apparaît
en elle n'est que l'existence de l'impossible[2]. »

3

La vision suppose un rapport entre le vision-
naire et le visible ; entre la vérité de l'univers, son

1. Futuhât, t. 3, p. 198.
2. Futuhât, t. 2, pp. 85, 312.

caché, sa lumière, d'une part, et l'illumination du visionnaire, son extase, d'une autre. Le visionnaire reflète une lumière qui est comme un miroir de la flamme originelle, du foyer de la lumière. Son but est de s'approcher, petit à petit, de ce foyer et de s'unifier avec lui. C'est là l'unicité de l'existence dans l'expérience mystique et qui prend parfois dans la poésie et la pensée la forme d'un retour aux sources et aux racines. Comme si le visionnaire était une étincelle brûlant dans ce foyer, ou, conformément à la tradition religieuse, une lyre jouant une mélodie descendue sur elle. Il est preneur, receveur, passif. Dans la tradition poétique il peut revêtir une image contraire : c'est lui qui crée la mélodie ; il est donc donateur et actif. Il découvre la vérité par lui-même et il la vit. Parfois il s'identifie à des personnages qui parlent en son nom, ou bien c'est lui qui parle pour eux. Ils ont toutes ses caractéristiques — ce sont les visages multiples d'une même vérité. Quelles que soient leurs divergences, ils se rejoignent dans un aspect essentiel : le désir de voir ce que l'on ne voit pas et connaître ce que l'on ne connaît pas. La connaissance ainsi acquise reste discernement et illumination, car la spécificité première de l'inconnu est de ne jamais se livrer à une connaissance totale.

4

La vision, en tant que dépassement du sensible, nécessite sur le plan de l'expression une modification dans le registre de la langue, registre qui relève à sa base de la communication dans le monde de l'apparent. Pour atteindre au caché, il faut trouver un autre registre où le rôle de la langue sera de transpercer l'apparent. La langue présentera alors un autre monde et un autre réel dans lesquels change le rapport du lecteur avec les choses et change aussi l'ordre de la réalité. Nous comprenons, dans cette optique, comment la langue en exprimant la vision se métamorphose elle-même en symboles : elle a un sens apparent mais aussi un sens caché qui ne se manifeste que graduellement, lentement. Ainsi le lecteur se retrouve devant un texte différent qui ne peut être lu que d'une manière originale. Il lui faut sortir de l'habituel, d'autant plus qu'il se voit confronté, à travers ce texte, à un ordre du réel différent de celui qu'il connaissait : il n'y a plus de frontières entre les genres ; il y a communication entre eux, organique et spirituelle. En outre, se découvre une résonance entre le caché et l'apparent, entre l'homme et l'univers que la rationalité ne peut expliquer. L'homme se sent alors lié à l'univers dans une unité indivisible. Et l'univers apparaît comme un mouvement en lequel le mobile et l'immobile forment un seul corps. Le temps dans cette perspective est un temps d'exploration.

5

L'homme ne peut bâtir sa vie selon cette vision poétique s'il ne détruit ce que Gibran, par transposition, nommait la chari'a (loi canonique) et ne dépasse ses symboles métaphysiques et physiques, surtout en ce qui concerne les pouvoirs religieux, social et politique. La chari'a est une violation de la liberté : c'est une double chaîne, intérieure dans la pensée, extérieure dans la vie.

Mais la révolte contre la chari'a implique la révolte contre ses causes, qui se trouvent dans le passé. C'est donc une révolte impliquant une aspiration vers l'avenir, un avenir libéré du poids du passé. Que tombent alors les traditions — croyances et mœurs —, Dieu, les prophètes, l'au-delà, la vertu, et ainsi de suite ! Ce ne sont là que mots et verbiage agencés par les générations passées et ils survivent par la force de la continuité, non par la force de la vérité. Tel le mariage, par exemple, qui est la servitude de l'homme à la loi de la perpétuation de l'espèce[1]. L'attachement à ces « mots-traditions » équivaut

1. Œuvres complètes, p. 369.

à une sorte de mort — celui qui veut s'en libérer doit se transformer en fossoyeur pour ensevelir les traditions, comme prélude nécessaire à une nouvelle vie. Gibran qualifie l'attachement au passé de « servitude aveugle » avec laquelle les gens deviennent « des corps nouveaux pour des âmes anciennes [1] ». Mais la libération, bien qu'elle soit un but sans lequel l'homme ne pourrait exister, n'est pas chose facile. Pour souligner la difficulté inhérente à la quête de la libération, Gibran disait que les fils de la liberté sont au nombre de trois : « L'un est mort crucifié, un autre est mort fou, et le troisième n'est pas encore né [2]. » Néanmoins, il faut absolument œuvrer pour l'avènement de l'homme qui « n'asservira pas et ne sera pas asservi [3] ». Peut-être cet homme s'incarnera-t-il dans le personnage de l'amoureux, de l'amant. Pour témoigner de cela, sans doute, Gibran avait coutume d'affirmer qu'il était redevable de toute chose, de « tout ce qui est moi », à la femme (Lumières nouvelles sur Gibran, p. 17), *et que « la sexualité est une énergie créatrice qui existe en toute chose, dans l'esprit et dans le corps ensemble »* (idem, p. 88). *C'est pourquoi il prophétise que « les horizons de la liberté sexuelle se feront de plus en plus larges, de sorte qu'un jour viendra où les rapports entre hommes et femmes seront complètement libres »* (idem, p. 28). *Pour*

1. *Idem*, p. 372.
2. *Idem*, p. 374.
3. *Idem*, p. 386.

*accélérer la venue de ce jour, Gibran prêchait
contre le mariage. Pour lui, la relation du
mariage n'est que très rarement créatrice. Et il
considérait que « la procréation des enfants ne
signifie pas la procréation de la vie » (idem,
pp. 76-77).*

Aussi, s'adressant au couple, dans Le Prophète,
il dit :

Dressez-vous ensemble, mais pas trop près
l'un de l'autre :
Car les piliers du temple se dressent séparé-
ment,
Et le chêne et le cyprès ne peuvent croître dans
leur ombre mutuelle.

6

*La libération de la servitude du passé s'accom-
pagne chez Gibran, nous l'avons dit, de la
libération de la servitude à l'autre. De même
qu'il a appelé l'homme à se révolter contre des
habitudes qui l'asservissent intérieurement, il le
pousse à se révolter contre un monde extérieur
également asservissant. C'est pour cela que son
appel à la révolution politique contre la domina-
tion ottomane fait partie de son appel à une
révolution arabe totale et radicale. Œuvrant pour
changer la pensée, les valeurs, la vision de la vie,
il œuvrait aussi pour le changement politique et*

pour la libération nationale totale dans le cadre d'une révolution destinée à ouvrir les portes d'un avenir qu'il espérait lumineux[1].

7

Changer la vie, selon Gibran, c'est changer les manières de s'exprimer. Aussi s'est-il préoccupé des problèmes de l'expression autant que de ceux du changement. Quand nous disons d'un poète qu'il a changé les manières de s'exprimer, nous sous-entendons qu'il a changé aussi les manières de penser et de voir les choses. Notre question : « Qu'a vu le poète ? » est liée à une autre question : « Comment a-t-il vu ? » Et cette dernière est la plus importante sur le plan esthétique, car d'une part c'est elle qui permet de distinguer la voix d'un poète de celle d'un autre, et d'autre part c'est la réponse à cette question qui permet de définir le degré d'innovation du texte par rapport au passé.

La vision de Gibran requérait une forme nouvelle d'expression. Dans son écriture se trouve une rupture avec le traditionalisme et il est naturel que l'importance de cette rupture soit mesurée à sa capacité de sécréter des voies

1. Sur cet aspect de Gibran, voir en fin de volume « Un autre Gibran » et la notice biographique.

nouvelles. Gibran fait souvent allusion à ce type de rupture dans sa correspondance. Il loue Shakespeare qui s'est libéré, à l'encontre de la plupart des écrivains anglais, des « chaînes du passé », à la fois dans le domaine de la pensée et dans celui de la langue (Lumières nouvelles sur Gibran, *p. 164). Il loue aussi Shelley qui s'est libéré du « poids du passé ». Par contre, dans une lettre datée de 1923, il reproche à Claudel, à propos de* L'Annonce faite à Marie, *de vivre dans le passé et de « ressembler aux empreintes d'un pied au creux desquelles l'eau se collecte ». Il poursuit en disant : « L'eau est peut-être douce et pure, l'élixir céleste s'est peut-être mêlé à elle, mais je préfère la source vive, même si son eau est trouble, aux empreintes d'un pied, dussent-elles être remplies de ce même élixir » (idem, pp. 77, 78).*

Face au passé se lève l'avenir, c'est-à-dire la pensée nouvelle qui l'emportera sûrement sur l'ancienne[1]. *Et si la libération du passé est signe d'innovation, elle ne peut être signe d'originalité que dans la mesure où elle est aussi signe de vérité. Innovation et rupture doivent aller de pair avec la vérité, sinon elles sont vides de sens, et toute innovation, tel le Prophète, doit être « aube de sa propre vie ».*

Cette innovation qui est pour lui synonyme de créativité, Gibran en parle à l'occasion de la Foire internationale de Paris, en 1913. Il la nomme

1. Œuvres complètes, pp. 289, 566.

« *révolution* » et « *Proclamation de l'Indépendance* », et il dit qu'elle est « *l'existence et la liberté* ». *En même temps, il insiste sur le rapport profond entre liberté et grandeur :* « *L'homme peut être libre sans être grand, mais aucun homme ne peut être grand s'il n'est pas libre* » (Lumières nouvelles sur Gibran, p. 210).

Telle que la concevait Gibran, l'innovation exige la destruction, dans le sens où elle dépasse les chemins déjà tracés. Et la grandeur du poète se mesure à l'aune de sa capacité de destruction. Ainsi disait-il de Nietzsche qu'il est « *le plus grand homme du XIXᵉ siècle, parce qu'il ne se limitait pas à la création, comme Ibsen, mais pratiquait aussi la destruction* » (idem, p. 179). *Dans cette perspective, Gibran dit de lui-même :* « *Durant ma vie, j'ai évité tout ce qui était grandiose, mais maintenant j'ai le désir des forces destructrices afin de pouvoir reconstruire un noble édifice* » (idem, p. 217).

8

Le monde unifié paraît, à l'exploration du visionnaire, être constitué par trois mondes : le monde immédiat, le monde reflété dans l'esprit de celui qui regarde, et le monde tel que ce dernier l'entrevoit à travers cette réflexion. Mais l'exploration ne mène nullement à une fin. Bien au contraire, elle montre l'infini. Le visionnaire, cependant qu'il avance dans son exploration, se sent retenu par des entraves, encerclé par des murailles. De toutes ses forces, il essaie de les détruire, cherchant une issue au-delà. Telle recherche suppose naturellement l'existence d'une issue qui lui corresponde, c'est-à-dire d'un monde sans entraves et sans murailles, et c'est une hypothèse qui pourrait expliquer le sens de la nostalgie chez le visionnaire pour ce monde-là et le sens de son refus du monde immédiat. Elle éluciderait aussi le sens de mots comme le chemin, le voyage, la solitude. Le chemin est symbole du voyage, horizontalement et verticalement. De même pour la solitude — elle ne signifie pas l'éloignement ou l'écartement, mais que « l'homme est proche de tous les hommes quand il n'est proche d'aucun » (idem, p. 155), et que « sans la solitude, tu n'es pas toi-même, et je ne suis pas moi[1] ».

Dans cette pratique visionnaire se trouve ce que l'on pourrait appeler une sorte de réalisme mystique. Réalisme, parce que cette pratique commence à partir du réel : elle l'observe et le critique. Mystique, parce qu'en critiquant ce visible connu, elle désigne l'invisible inconnu. On comprend mieux, sous cet éclairage, le point de vue de Gibran sur l'art qui, selon lui, est « cette autre chose la plus lointaine dans l'homme que nous ne comprenons pas et pour laquelle nous

1. *Œuvres complètes*, p. 573.

essayons de trouver une forme capable de l'exprimer, mais sans succès jusqu'à présent » (*Lumières nouvelles sur Gibran*, p. 177). C'est comme si Gibran disait que l'art est l'expression de l'inexprimable, ou de ce qu'il appelle « al-zât al-hafiyya », le « moi caché[1] ». Peut-être trouvera-t-on ici aussi l'origine de la grande admiration qu'il portait à Beethoven, dont il disait qu'il était « le plus grand des hommes », et « le plus obscur d'entre eux », et qu'il demeure « secret impénétrable », ce qui confirme son génie. Il poursuit sur Beethoven en disant : « Je ne sais pas comment il a fait ce qu'il a fait, et je ne sais pas comment il a découverte des profondeurs et des sommets étranges dont je ne vois pas comment ils peuvent être imaginés » (*Lumières nouvelles sur Gibran*, p. 211). Et de même que la valeur de la vie « n'est pas en sa surface mais dans ces profondeurs, que les choses vues ne sont pas dans leur écorce mais dans leur noyau, et que les hommes ne sont pas dans leur visage mais dans leur cœur », l'art n'est pas dans ce que nous entendons et ce que nous voyons, il est « dans les distances silencieuses et dans ce que le tableau suggère, de telle façon qu'on voit, en le regardant, ce qui est plus lointain et plus beau que lui » (*Lumières nouvelles sur Gibran*, p. 171). C'est ainsi que, selon Gibran, l'expérience créatrice se rattache à l'infini et que l'art est grand autant qu'il contient des « éléments infinis ». L'art est un mouvement

1. *Œuvres complètes*, p. 497.

perpétuel dans la direction de ce qui n'a pas de fin.

Vus de cette façon, le sens du mot « poésie » et le sens du mot « poète » revêtent un aspect nouveau. La poésie ne se limite plus à un texte rimé et rythmé ; elle devient vision nouvelle du monde et de l'homme, ainsi que des formes d'écriture, qu'elles relèvent de la prose ou qu'elles se conforment aux canons de la prosodie. Et « tout inventeur, tout découvreur, devient poète ». À partir de ce postulat, Gibran pose les premiers fondements pour une nouvelle définition de la poésie et de l'écriture créatrice arabe, d'une manière générale.

9

De ce qui précède, on pourra inférer que Le Prophète est un livre qui est lu en tant qu'œuvre semi-religieuse ou semi-prophétique. On comprendra peut-être les raisons qui lui ont assuré un public constamment renouvelé et qui est presque égal, en nombre et en ferveur, au public qui lit les livres sacrés. Je pense que la plus importante de ces raisons réside dans cette idéalité mystérieuse qui dirige le texte et le domine. C'est une idéalité qui fait éclore dans l'homme tout ce qui le dépasse et tout ce qui est plus grand que lui : l'amour, la joie, la révolte, la liberté, etc.

Elle fait sortir l'homme du défini vers l'indéfini et du fini vers l'infini, du visible vers l'invisible.

Le texte focalise le souci qu'inspire à l'homme le mystère dans l'univers, mystère souvent évoqué par les poètes sur un ton d'angoisse ou de sérénité métaphysique, créant ainsi chez le lecteur un désir profond d'œuvrer, lui aussi, pour atteindre un monde secret, pour aller au-delà du réel, à la recherche de l'absolu. Ainsi, le livre du Prophète crée une « habitude » de lecture qui incite à voir que la poésie la plus importante est celle la plus proche du mystère et la plus apte à l'exprimer. Ajoutons que le lecteur trouve ici une alternative au monde visible avec l'assurance que l'homme peut illuminer son chemin par lui-même, de sorte qu'il peut, lui aussi, et sans médiation, participer à la création de l'univers.

Adonis
Paris, mars 1991.

Traduit de l'arabe par A.W.M. avec la collaboration de l'auteur.

Le Prophète

Al-Mustafa, l'élu, l'aimé, aube de sa propre vie, avait attendu douze années dans la ville d'Orphalèse le retour du navire qui devait le ramener à son île natale.

Et voici que la douzième année, au septième jour de septembre, mois des récoltes, comme il gravissait la colline qui s'élevait au-delà des remparts de la ville et jetait son regard en direction de la mer, il vit son navire avançant avec la brume.

Les portails de son cœur s'ouvrirent tout grand et sa joie s'envola au loin sur les vagues. Il ferma alors les yeux et s'abîma en prière dans les silences de son âme.

Mais lorsqu'il descendit la colline, une tristesse nouvelle s'empara de lui et il se dit :

Comment partir en paix et sans chagrin ? Non, ce n'est pas sans une blessure à l'âme que je quitterai cette ville.

Longues furent les journées de douleur que j'ai passées à l'abri de ses remparts, longues les nuits de solitude ; et qui se séparerait de sa douleur et de sa solitude sans amertume ?

Nombreuses sont les parcelles d'esprit que j'ai dispersées en ces rues, nombreux les enfants de mon désir qui marchent nus dans ces collines, et je ne peux m'en détacher sans un poids, sans une peine.

Ce n'est pas un vêtement que j'enlève aujourd'hui, c'est une peau que je dois arracher de mes mains.

Ce n'est pas une pensée que j'abandonne, c'est un cœur adouci par la faim et la soif.

Pourtant, je ne peux m'attarder plus longtemps.

La mer qui appelle tout à elle m'appelle aussi, et il me faut embarquer.

Rester, bien que les heures flambent dans la nuit, serait me figer, me cristalliser, m'emprisonner dans un moule.

Je voudrais emporter tout ce que j'ai connu ici. Mais comment ?

Une voix ne peut porter la langue et les lèvres qui lui ont donné des ailes. Elle doit être seule dans sa quête de l'éther.

C'est seul et sans nid que l'aigle traverse l'espace en face du soleil.

Et lorsqu'il parvint au pied de la colline, il se tourna une fois encore vers la mer et vit son navire approchant cette fois du port avec, à la proue, les marins, hommes de son pays.

L'élan de son âme le porta vers eux, et il leur dit :

Fils de ma mère ancienne, vous, cavaliers des marées,

Combien vous avez navigué dans mes rêves. Et vous voilà maintenant à mon réveil qui n'est autre que mon rêve le plus profond.

Je suis prêt à partir, et mon impatience, toutes voiles déployées, attend le vent.

Je n'ai plus qu'un souffle à aspirer dans cet air immobile, plus qu'un regard aimant à jeter derrière moi,

Je me tiendrai alors parmi vous, navigateur parmi des navigateurs.

Et toi, vaste mer, mère endormie,

Qui seule est paix et liberté pour le fleuve et pour la rivière,

Cette rivière ne dessinera plus qu'un seul méandre, ne fera plus entendre qu'un seul murmure dans la clairière,

Avant que je vienne à toi, goutte infinie dans un océan sans fin.

Comme il marchait, il aperçut de loin des hommes et des femmes qui quittaient leurs champs et leurs vignobles et se hâtaient vers les portes de la ville.

Et il entendit leurs voix qui criaient son nom et s'appelaient d'un champ à un autre pour annoncer l'arrivée du navire.

Il se dit :

Le jour des adieux sera-t-il le jour du rassemblement ?

Et dira-t-on que mon soir était mon aurore ?

Que donnerai-je à celui qui a abandonné sa charrue au milieu du sillon, ou à celui qui a arrêté la meule de son pressoir ?

Mon cœur deviendra-t-il un arbre ployant sous des fruits que je pourrai cueillir et leur donner ?

Mes désirs couleront-ils telle une fontaine afin que je remplisse leurs coupes ?

Suis-je une harpe pour que m'effleure la main du Puissant, ou une flûte pour que Son souffle me traverse ?

Quêteur de silences, voilà ce que je suis, et quel trésor ai-je trouvé dans les silences à dispenser sans inquiétude ?

Si ce jour est celui de mes moissons, en quels champs ai-je semé le grain, et par quelles saisons oubliées ?

Si cette heure est celle où je dois brandir ma lanterne, ce ne sera pas ma flamme qui à l'intérieur brûlera.

Vide et sombre sera ma lanterne,

Le gardien de la nuit l'emplira d'huile et l'allumera aussi.

Ces choses furent dites avec des mots. Mais en son cœur restait un discours muet, car il ne pouvait exprimer son plus profond secret.

Lorsqu'il entra dans la ville, tous vinrent à sa rencontre, et ils s'adressèrent à lui comme d'une seule voix.

Les anciens s'avancèrent et lui dirent :

Ne nous quitte pas déjà.

Méridien as-tu été en notre crépuscule, et ta jeunesse nous a pourvus de rêves à rêver.

Tu n'es ni un étranger ni un hôte de passage parmi nous, mais notre fils et notre bien-aimé.

Ne laisse pas nos yeux dépérir de nostalgie pour ton visage.

Les prêtres et les prêtresses s'adressèrent à lui ainsi :

Que les vagues de la mer ne nous séparent pas, que tes années avec nous ne deviennent pas souvenir.

Esprit as-tu marché parmi nous et ton ombre fut lumière sur nos visages.

Nous t'avons grandement aimé. Mais notre amour était muet, de voiles recouvert.

Voilà que maintenant il crie vers toi et voudrait se tenir en ta présence, révélé.

Toujours en a-t-il été ainsi : l'amour ignore sa profondeur jusqu'à l'heure de la séparation.

D'autres accoururent pour le supplier. Il ne répondit pas, inclinant seulement la tête, et ceux qui étaient près de lui virent des larmes tomber sur sa poitrine.

Tous, alors, se dirigèrent vers la grande place devant le temple.

Une femme du nom d'al-Mitra sortit du sanctuaire. C'était une voyante.

Il la contempla avec une tendresse extrême, car elle avait été la première à le suivre et à croire en lui lorsque, nouveau venu, il n'avait passé qu'une seule journée dans leur ville.

Elle le salua, disant :

Prophète de Dieu, en quête de l'absolu, il y a longtemps que tu scrutes les distances pour apercevoir ton navire.

Il est maintenant au port, et toi, tu dois partir.

Profonde est ta nostalgie pour le pays de tes souvenirs et pour la demeure de tes plus hauts désirs. Nous ne voulons pas que notre amour te lie, ni que nos besoins te retiennent.

Cependant, nous t'adressons une requête : qu'avant de nous quitter, tu nous parles et partages avec nous ta vérité.

Nous la transmettrons à nos enfants, et eux feront de même avec les leurs. Ainsi elle ne périra jamais.

Dans ta solitude, tu as monté la garde avec nos jours, et dans tes heures de veille tu as écouté les pleurs et le rire de notre sommeil.

Révèle-nous alors à nous-mêmes et décris-nous tout ce qui t'a été montré de ce qui existe entre naissance et mort.

Il répondit :

Gens d'Orphalèse, de quoi parlerais-je sinon de ce qui, à l'instant même, se meut déjà en vos âmes ?

Alors al-Mitra dit : Parle-nous de l'Amour.

Il leva la tête et regarda la foule sur laquelle un grand silence s'était abattu. D'une voix assurée, il dit :

Quand l'amour vous fait signe, suivez-le,

Bien que ses chemins soient raides et ardus.

Et quand il vous enveloppe de ses ailes, cédez-lui,

Même si l'épée cachée dans ses pennes vous blesse.

Et quand il vous parle, croyez en lui,

Même si sa voix brise vos rêves comme le vent du nord dévastant un jardin.

Car si l'amour vous couronne, il vous crucifie aussi. Et s'il est pour votre croissance, il est aussi pour votre élagage.

De même qu'il s'élève à votre hauteur pour caresser vos plus tendres branches frémissant dans le soleil,

Il descend jusqu'à vos racines et les secoue de leur adhérence à la terre.

Telles des gerbes de blé, il vous ramasse et vous serre contre lui.

Il vous vanne pour vous dénuder.

Il vous tamise pour vous libérer de votre enveloppe.

Il vous pile jusqu'à la blancheur.

Il vous pétrit jusqu'à vous rendre malléables ;

Puis il vous assigne à son feu sacré afin que vous deveniez pain sacré au festin sacré de Dieu.

Tout cela, l'amour vous le fait subir afin que vous connaissiez les secrets de votre cœur et, au travers de cette connaissance, deveniez fragment du cœur de la Vie.

Mais si, pusillanimes, vous ne recherchiez que la paix de l'amour et sa volupté,

Mieux vaudrait pour vous couvrir votre nudité et sortir de l'aire de l'amour,

Pour pénétrer dans le monde sans saisons en lequel vous rirez, mais pas de tout votre rire, et pleurerez, mais pas de toutes vos larmes.

L'amour ne donne que de lui-même et ne prend que de lui-même.

L'amour ne possède pas et ne saurait être possédé.

Car l'amour suffit à l'amour.

Lorsque vous aimez, vous ne devriez pas dire : « Dieu est dans mon cœur », mais plutôt : « Je suis dans le cœur de Dieu. »

Et ne croyez pas qu'il vous appartienne de diriger le cours de l'amour, car c'est l'amour, s'il vous en juge dignes, qui dirigera le vôtre.

L'amour n'a d'autre désir que de s'accomplir.

Mais si vous aimez et ne pouvez échapper aux désirs, qu'ils soient ceux-ci :

Vous dissoudre et être comme l'eau vive d'un ruisseau chantant sa mélopée à la nuit,

Connaître la douleur d'une tendresse excessive,

Recevoir la blessure de votre conception de l'amour,

Perdre votre sang volontiers et avec joie,

Vous réveiller aux aurores, le cœur ailé, et rendre grâces pour une nouvelle journée d'amour,

Vous reposer à l'heure du méridien et méditer l'extase de l'amour,

Revenir à votre foyer le soir, avec gratitude,

Puis vous endormir avec au cœur une prière pour l'être aimé et sur vos lèvres un chant de louange.

Al-Mitra reprit la parole. Elle demanda : Maître, que dire du Mariage ?

Il répondit :

Ensemble êtes-vous nés et ensemble resterez-vous pour toujours.

Quand les blanches ailes de la mort éparpilleront vos jours, vous serez ensemble.

Oui, vous serez ensemble dans la mémoire silencieuse de Dieu.

Mais qu'il y ait des espaces dans votre entente.

Que les vents des cieux puissent danser entre vous.

Aimez-vous, l'un l'autre, mais ne faites pas de l'amour un carcan :

Qu'il soit plutôt mer mouvante entre les rives de vos âmes.

Remplissez, chacun, la coupe de l'autre, mais ne buvez pas à la même.

Donnez-vous l'un à l'autre de votre pain, mais ne partagez pas le même morceau.

Chantez et dansez ensemble, et soyez joyeux, mais que chacun demeure isolé,

Comme sont isolées les cordes du luth, bien que frémissantes de la même musique.

Donnez vos cœurs, mais pas à la garde de l'autre.

Car vos cœurs, seule la main de Dieu peut les contenir.

Et dressez-vous ensemble, mais pas trop près l'un de l'autre :

Car les piliers du temple se dressent séparément,

Et le chêne et le cyprès ne peuvent croître dans leur ombre mutuelle.

Une femme qui tenait un nouveau-né contre
son sein dit : Parle-nous des Enfants.

Il dit :

Vos enfants ne sont pas vos enfants.

Ils sont les fils et les filles du désir de la Vie
pour elle-même.

Ils passent par vous mais ne viennent pas de
vous,

Et bien qu'ils soient avec vous, ils ne vous
appartiennent pas.

Vous pouvez leur donner votre amour, mais
pas vos pensées,

Car ils ont leurs propres pensées.

Vous pouvez loger leurs corps, mais pas leurs
âmes,

Car leurs âmes habitent la maison de demain,
que vous ne pouvez visiter, pas même en rêve.

Vous pouvez vous efforcer d'être semblables à
eux, mais ne cherchez pas à les rendre semblables
à vous,

Car la vie ne revient pas en arrière et ne s'attarde pas avec le passé.

Vous êtes les arcs à partir desquels vos enfants, telles des flèches vivantes, sont lancés.

L'Archer vise la cible sur la trajectoire de l'infini, et Il vous courbe de toutes ses forces afin que les flèches soient rapides et leur portée lointaine.

Puisse votre courbure dans la main de l'Archer être pour l'allégresse,

Car de même qu'Il chérit la flèche en son envol, Il aime l'arc aussi en sa stabilité.

Un homme riche dit alors : Parle-nous du Don.

Il répondit :

Vous donnez peu lorsque vous ne donnez que de vos biens.

C'est en donnant de vous-mêmes que vous donnez véritablement.

En effet, que sont vos biens sinon des choses que vous gardez et défendez par crainte d'en avoir besoin demain ?

Et demain, qu'apportera demain au chien trop prudent qui enterre ses os dans le sable vierge, lorsqu'il accompagne les pèlerins en marche vers la ville sainte ?

Et qu'est la peur du besoin, sinon le besoin lui-même ?

La peur de la soif, alors que vos puits sont remplis, n'est-elle pas la soif inextinguible ?

Certains donnent peu de l'abondance qu'ils possèdent. Ils le donnent pour faire parler d'eux, et ce souhait inavoué rend leurs dons impurs.

D'autres possèdent peu mais le donnent totalement.

Ce sont ceux qui croient en la vie et en sa munificence, et leurs coffres ne sont jamais vides.

D'autres encore donnent avec joie, et cette joie est leur récompense.

Et il y a ceux qui donnent avec peine, et cette peine est leur baptême.

Enfin, il en est qui donnent et n'éprouvent nulle peine à donner, pas plus qu'ils ne recherchent la joie ou qu'ils ne donnent avec le souci d'être vertueux.

Ils donnent comme le myrte, là-bas dans la vallée, exhale son parfum à travers l'espace.

C'est par les mains de gens comme eux que Dieu s'exprime, et c'est par leurs yeux qu'Il sourit à la terre.

Il est bien de donner lorsqu'on vous en fait la demande, mais il est préférable de donner sans qu'on vous ait sollicité et parce que vous en avez compris l'urgence.

Pour celui qui est généreux, rechercher l'être qui acceptera de recevoir est une joie plus grande que celle de donner.

Voudriez-vous garder quoi que ce soit ?

Tous vos biens seront un jour distribués.

Donnez donc dès maintenant : que la saison du don soit vôtre et non celle de vos héritiers.

Vous dites souvent : « Je donnerais volontiers, mais seulement aux méritants. »

Les arbres de vos vergers ne tiennent pas tel discours, ni les troupeaux de vos pâturages.

Ils donnent afin de vivre, car receler c'est périr.

Celui qui est digne de recevoir ses jours et ses nuits est certainement digne de recevoir tout ce que vous pourriez lui donner.

Celui qui a mérité de boire à l'océan de la vie mérite de remplir sa coupe à votre filet d'eau.

Et quel plus grand mérite existe-t-il que celui qui se trouve dans le courage et la confiance, dans la charité même, de recevoir ?

Vous, qui êtes-vous pour que des êtres humains se lacèrent la poitrine et dévoilent leur fierté, vous permettant ainsi de voir leur dignité mise à nu et leur fierté sans pudeur ?

Veillez d'abord à être vous-mêmes dignes de donner et d'être les instruments par lesquels passe le don.

En vérité, c'est la vie qui donne à la vie, tandis que vous, qui vous estimez donateurs, n'êtes que témoins.

Vous qui recevez — et tous vous recevez — n'assumez pas le poids de la gratitude, afin de ne pas ployer et de ne pas faire ployer le donateur sous un joug.

Dressez-vous plutôt à l'unisson avec lui et prenez appui sur ses dons comme sur des ailes,

Car être trop soucieux de votre dette serait douter de sa générosité, qui a pour mère la terre au cœur prodigue et pour père, Dieu.

Alors un vieil homme, aubergiste de son état, dit : Parle-nous de la Boisson et de la Nourriture.

Il répondit :

Je souhaiterais que vous puissiez vivre du parfum de la terre et, telle une plante de l'air, vous alimenter de lumière.

Mais puisqu'il vous faut tuer pour manger et dépouiller le nouveau-né du lait de sa mère afin d'étancher votre soif, que ce soit un acte de vénération,

Et que votre table soit un autel sur lequel on sacrifie les créatures pures et innocentes qui courent la forêt et la plaine, au bénéfice de ce qui est plus pur et plus innocent encore dans l'homme.

Quand vous tuez une bête, dites-lui en votre cœur :

« Par cette même puissance qui t'immole, je suis immolé moi aussi, et moi aussi je serai absorbé.

Car la loi qui t'a livrée à ma main me livrera à une main plus puissante.

Ton sang et le mien ne sont que la sève qui nourrit l'arbre céleste. »

Et quand de vos dents vous écrasez une pomme, dites-lui en votre cœur :

« Tes pépins survivront dans mon corps,

Et les bourgeons de tes lendemains fleuriront dans mon cœur.

Ton arôme sera mon haleine,

Et ensemble nous nous réjouirons par toutes les saisons. »

À l'automne, lorsque vous cueillez le raisin de vos vignes pour le pressoir, dites en votre cœur :

« Je suis, moi aussi, une vigne, et mes grappes seront pressées,

Et tel le vin nouveau je serai gardé dans des jarres éternelles. »

En hiver, lorsque vous tirez le vin, que se lève en votre cœur un chant pour chaque coupe,

Et que résonne dans ce chant une commémoration des jours d'automne, de la vigne et du pressoir.

Un laboureur dit alors : Parle-nous du Travail.

Il répondit en disant :

Vous travaillez afin de progresser au rythme de la terre et de l'âme de la terre.

Car rester oisif c'est devenir étranger aux saisons et sortir du cortège de la vie qui avance en majesté et en fière soumission vers l'infini.

Quand vous travaillez, vous êtes une flûte à travers laquelle le chuchotement des heures se transforme en musique.

Lequel d'entre vous accepterait d'être un roseau muet et silencieux, alors que le reste de l'univers chante à l'unisson ?

On vous a toujours dit que le travail est une malédiction et l'effort un malheur.

Mais moi je vous dis qu'en travaillant vous réalisez une part du rêve le plus ancien de la terre, part qui vous a été attribuée au moment où ce rêve a pris corps,

Qu'en vous astreignant à la tâche, vous êtes en vérité dans l'amour de la vie,

Et qu'aimer la vie par le travail revient à pénétrer son secret le plus essentiel.

Mais si vous, en votre peine, qualifiez la naissance d'affliction et la pesanteur de la chair de malédiction inscrite sur votre front, alors je répondrai que seule la sueur de votre front lavera ce qui y est inscrit.

On vous a dit aussi que la vie est ténèbres, et dans votre lassitude vous vous faites l'écho de ce que vous avez entendu.

Moi je vous dis que la vie est certes ténèbres, si elle n'est accompagnée d'élan,

Que tout élan est aveugle, s'il n'est accompagné de connaissance,

Que toute connaissance est vaine, si elle n'est accompagnée de travail,

Que tout travail est vide s'il n'est accompagné d'amour ;

Et que lorsque vous travaillez avec amour, vous vous liez à vous-mêmes, aux autres, et à Dieu.

Que signifie travailler avec amour ?

C'est tisser une toile avec des fils tirés de votre cœur, comme si cette toile devait être portée par l'être aimé.

C'est construire une maison avec amitié, comme si l'être aimé devait l'habiter.

C'est semer des graines avec tendresse et moissonner la récolte avec joie, comme si l'être aimé devait en savourer les fruits.

C'est laisser l'empreinte de votre souffle sur toute chose que vous façonnez,

Et savoir que les bienheureux défunts se tiennent autour de vous et veillent.

Souvent je vous ai entendu dire, comme si vous parliez en dormant : « Celui qui travaille le marbre et découvre la forme de son âme dans la pierre est plus noble que celui qui laboure la terre.

Et celui qui s'empare de l'arc-en-ciel pour l'étendre sur une toile, à l'image de l'homme, est supérieur à celui qui fabrique pour nos pieds des sandales. »

Mais je vous dis, non pas dans mon sommeil mais dans la pleine lucidité de midi, que le vent ne s'adresse pas aux chênes géants avec plus de douceur qu'au plus ténu des brins d'herbe ;

Que seul est grand celui qui change la voix du vent en mélodie rendue plus suave par son amour.

Le travail est amour rendu visible.

Et si vous ne pouvez œuvrer avec amour mais seulement avec répugnance, il vaudrait mieux quitter votre travail et vous asseoir devant le portail du temple pour recevoir l'aumône de ceux qui œuvrent dans la joie.

Car si vous cuisez le pain avec indifférence,

vous cuisez un pain amer qui ne rassasie qu'une moitié de la faim de l'homme.

Et si votre ardeur à fouler la vendange est tiède, cette tiédeur distille un poison dans le vin.

Quand bien même vous chanteriez comme les anges, si vous n'aimez pas le chant vous étouffez aux oreilles des humains les voix du jour et les voix de la nuit.

Une femme dit alors : Parle-nous de la Joie et de la Tristesse.

Il répondit :

Votre joie est votre tristesse sans masque.

Et le même puits d'où jaillit votre rire a souvent été rempli de vos larmes.

Comment en serait-il autrement ?

Plus profonde est l'entaille découpée en vous par votre tristesse, plus grande est la joie que vous pouvez abriter.

La coupe qui contient votre vin n'est-elle pas celle que le potier flambait dans son four ?

Le luth qui console votre esprit n'est-il pas du même bois que celui creusé par les couteaux ?

Lorsque vous êtes joyeux, sondez votre cœur, et vous découvrirez que ce qui vous donne de la joie n'est autre que ce qui causait votre tristesse.

Lorsque vous êtes tristes, examinez de nouveau votre cœur. Vous verrez qu'en vérité vous pleurez sur ce qui fit vos délices.

Certains parmi vous disent : « La joie est plus grande que la tristesse », et d'autres disent : « Non, c'est la tristesse qui est la plus grande. »

Moi je vous dis qu'elles sont inséparables.

Elles viennent ensemble, et si l'une est assise avec vous, à votre table, rappelez-vous que l'autre est endormie sur votre lit.

En vérité, vous êtes suspendus, telle une balance, entre votre tristesse et votre joie.

Il vous faut être vides pour rester immobiles et en équilibre.

Lorsque le gardien du trésor vous soulève pour peser son or et son argent dans les plateaux, votre joie et votre tristesse s'élèvent ou retombent.

Un maçon s'avança alors et dit : Parle-nous des Maisons.

Il répondit en disant :

Construisez de vos illusions un berceau de verdure dans les terres désertes avant que de construire une maison à l'intérieur des remparts.

Car comme vous, qui revenez au foyer à la tombée du jour, le vagabond qui vous habite, le solitaire, le toujours lointain, connaît lui aussi le retour.

Votre maison est votre corps élargi.

Elle grandit au soleil et dort dans la quiétude de la nuit. Et son sommeil n'est pas sans rêves. Votre maison ne rêve-t-elle pas ? Et en rêve ne quitte-t-elle pas la ville pour le bosquet ou la colline ?

Je voudrais recueillir vos maisons dans ma main et, tel un semeur, les disperser dans forêts et prairies.

Je voudrais que les vallons soient vos rues et les verts sentiers vos allées, afin que vous partiez à la recherche les uns des autres dans les vignes et reveniez avec l'arôme de la terre dans vos vêtements.

Mais ces choses ne peuvent encore s'accomplir.

Vos ancêtres, dans leur pusillanimité, vous ont rassemblés dans une proximité trop grande. Et cette crainte perdurera quelque temps encore. Pour quelque temps encore les remparts de la ville sépareront vos foyers de vos champs.

Et dites-moi, gens d'Orphalèse, que détenez-vous dans ces maisons ? Que gardez-vous derrière vos portes verrouillées ?

Avez-vous la paix, calme pulsion révélatrice de votre puissance ?

Avez-vous des réminiscences, arcades lumineuses qui relient les sommets de l'esprit ?

Avez-vous la beauté, elle qui mène le cœur à partir d'objets façonnés de bois et de pierre vers la montagne sainte ?

Tout cela, dites-moi, le détenez-vous dans vos maisons ?

Ou bien n'y avez-vous que le confort et la convoitise du confort, cette chose furtive qui se glisse dans la maison comme invitée, pour ensuite en devenir l'hôte, puis la maîtresse ?

Enfin elle se métamorphose en dompteuse et munie d'un crochet et d'un fouet elle transforme vos désirs les plus vastes en marionnettes.

Soyeuses sont ses mains mais son cœur est de fer.

Elle vous apaise et vous endort pour se tenir à votre chevet et se gausser de la dignité de votre chair.

Elle se moque de vos sens intacts et, tels des vases fragiles, les dépose dans le duvet du chardon.

Oui, la convoitise du confort assassine la passion de l'âme, puis elle défile en grimaçant dans la procession funéraire.

Mais vous, enfants de l'espace, qui dans votre quiétude demeurez inquiets, vous ne vous laisserez ni dompter ni prendre au piège.

Votre maison ne sera pas une ancre mais un mât.

Elle ne sera pas la pellicule brillante qui recouvre la blessure, mais une paupière de protection pour l'œil.

Vous ne replierez pas vos ailes pour franchir les portes et n'aurez pas à courber la tête pour éviter de heurter les plafonds. Vous ne retiendrez pas votre respiration de crainte que les murs se lézardent et s'écroulent.

Vous n'habiterez pas des tombes bâties par les morts pour les vivants.

Et malgré sa splendeur et sa magnificence, votre maison ne pourra renfermer votre secret ni abriter votre désir.

Car ce qui en vous est sans limites demeure dans le séjour du ciel dont la porte est la brume matinale, et les fenêtres chants et silences de la nuit.

Un tisserand dit : Parle-nous du Vêtement.
Il répondit :
Vos vêtements dissimulent une grande part de votre beauté. Ils ne peuvent pourtant cacher ce qui n'est pas beau.

Bien qu'en eux vous recherchiez la liberté de votre intimité, il se peut que vous y trouviez aussi un harnais et une chaîne.

C'est la peau plus nue et moins parée que je voudrais vous voir aller à la rencontre du soleil et du vent.

Car le souffle vital est dans le rayonnement du soleil et la main de la vie est dans le vent.

Certains d'entre vous disent : « C'est le vent du nord qui a tissé les vêtements que nous portons. »

Et je dis : Oui, c'est le vent du nord.

Mais la honte était son métier et la mollesse des tendons son fil.

Et lorsqu'il eut achevé son ouvrage, il s'en alla rire dans la forêt.

N'oubliez pas que la pudeur est un bouclier contre le regard des impurs.

Quand les impurs auront disparu, que sera la pudeur sinon une entrave et une corruption de l'esprit ?

Et n'oubliez pas non plus que la terre aime sentir la caresse de vos pieds nus et que les vents rêvent de jouer avec votre chevelure.

Un commerçant dit alors : Parle-nous de la Vente et de l'Achat.

Il répondit, disant :

La terre vous livre ses bienfaits et vous ne manquerez de rien si vous savez ouvrir les mains.

C'est en échangeant les dons de la terre que vous trouverez l'abondance et serez satisfaits.

Pourtant, si l'échange n'a pas lieu dans l'amour et dans une justice bienveillante, il conduira certains à la rapacité et d'autres à la faim.

Travailleurs de la mer, des champs et des vignes, quand sur la place du marché vous rencontrez les tisserands, les potiers, les récolteurs d'épices,

Invoquez le maître esprit de la terre, priez-le de venir parmi vous et de sanctifier les balances et les toises qui mesurent la valeur des choses.

Et ne permettez pas à ceux dont les mains sont stériles de prendre part à vos transactions : ils monnaieraient leurs paroles contre votre labeur.

À ceux-là vous devriez dire :

« Venez aux champs avec nous, ou allez à la mer avec nos frères pour y jeter vos filets ;

Car terre et mer seront généreuses envers vous comme elles l'ont été envers nous. »

Si surviennent les chanteurs, les danseurs et les joueurs de flûte, achetez également de ce qu'ils vous offrent.

Eux aussi récoltent les fruits et l'encens, et leur marchandise, bien que fabriquée de rêves, est parure et nourriture pour vos âmes.

Veillez avant de quitter le marché à ce que personne ne reparte les mains vides.

Car le maître esprit de la terre ne saurait dormir paisiblement sur le vent tant que les besoins des plus humbles n'auront été comblés.

Un juge se leva et dit : Parle-nous du Crime et du Châtiment.

Il répondit :

C'est lorsque votre esprit vagabonde sur le vent,

Que vous, seuls et vulnérables, causez du tort à autrui et donc à vous-mêmes.

Pour ce tort causé, vous devrez frapper à la porte des bienheureux et patienter sans qu'on vous prête attention.

Tel l'océan est votre moi divin.

Il reste à jamais vierge de toute souillure,

Et comme l'éther ne porte que les ailés.

Tel le soleil est votre moi divin.

Il ignore les parcours de la taupe et ne recherche pas les nids du serpent.

Mais votre moi divin n'est pas seul à résider en vous.

En vous demeure une grande part d'humain, et une grande part qui n'est pas humaine encore.

C'est une créature informe qui marche endormie dans la brume, en quête de son éveil.

Je voudrais parler maintenant de l'homme en vous,

Car c'est lui, et non votre moi divin ni cette créature misérable perdue dans la brume, qui connaît le crime et le châtiment du crime.

Je vous ai souvent entendu parler de quelqu'un qui a mal agi comme s'il n'était pas l'un des vôtres, mais un étranger parmi vous, un intrus dans votre monde.

J'affirme ceci : de même que les saints et les justes ne peuvent s'élever plus haut que le plus haut en chacun de vous,

Les méchants et les faibles ne peuvent tomber plus bas que ce qui en vous est le plus bas.

Et de même que pas une feuille ne jaunit sans que l'arbre entier en soit silencieusement informé,

Le pêcheur ne peut commettre son péché sans l'assentiment secret de tous.

Telle une procession, vous marchez ensemble vers votre moi divin.

Vous êtes la randonnée et les randonneurs.

Et si l'un de vous tombe à terre, il tombe pour ceux qui le suivent, signe d'avertissement contre la pierre d'achoppement.

Il tombe aussi pour ceux qui le précèdent, dont le pas est plus rapide et plus assuré mais qui n'ont pas retiré la pierre du chemin.

Encore ceci, même si mes paroles doivent peser lourdement sur vos cœurs :

L'assassiné n'est pas innocent de son propre assassinat.

Le volé a sa part de responsabilité dans le vol perpétré contre lui.

Le juste participe aux actions des méchants,

Et celui dont les mains sont blanches est pourtant taché par les agissements des traîtres.

Oui, le coupable est souvent victime de celui qui a été lésé.

Plus souvent encore, le condamné porte le fardeau de l'innocent, de l'irréprochable.

Vous ne pouvez séparer le juste de l'injuste, ni le bon du méchant,

Car ils se tiennent ensemble devant la face du soleil, de même que le fil noir est tissé avec le blanc.

Et quand le fil noir se rompt, le tisserand vérifie toute la toile et examine aussi le métier.

Si l'un de vous veut faire juger la femme infidèle,

Qu'il place le cœur de l'époux sur un plateau de la balance et qu'il évalue son âme selon de justes mesures.

Et que celui qui voudrait flageller l'offenseur considère également la véritable nature de l'offensé.

Et si l'un de vous voulait punir au nom du bon droit et planter sa hache dans l'arbre du mal, qu'il regarde bien les racines.

Il trouvera emmêlées dans le cœur silencieux de la terre les racines bonnes et mauvaises, celles des arbres féconds avec celles des arbres stériles.

Quant à vous, juges qui voudriez être justes,

Quel jugement prononcerez-vous contre celui qui, bien qu'honnête dans sa chair, est pourtant voleur en esprit ?

Quelle peine infligerez-vous à celui qui détruit la chair, mais est lui-même détruit en son esprit ?

Et comment poursuivrez-vous celui qui en ses actes est menteur et oppresseur,

Mais en même temps est blessé et outragé ?

Et comment punir ceux dont le remords a dépassé les méfaits ?

Le remords n'est-il pas la justice rendue par cette même loi que vous prétendez servir ?

Vous ne pouvez imposer le remords aux innocents, ni l'ôter du cœur des coupables.

Le remords survient inopinément dans la nuit afin que les êtres se réveillent et s'examinent.

Vous qui voulez comprendre la justice, comment le pourrez-vous si vous ne regardez pas tout acte en pleine lumière ?

Seulement alors saurez-vous que l'homme debout et l'homme tombé ne sont qu'une seule et même personne se tenant dans le crépuscule entre la nuit de son être le plus misérable et le jour de son être divin,

Et que la pierre angulaire du temple n'est pas plus noble que la pierre la plus basse de ses fondations.

Alors un juriste dit : Mais qu'en est-il de nos Lois, Maître ?

Il répondit :

Vous prenez plaisir à établir des lois,

Mais vous prenez un plaisir plus grand encore à les transgresser,

Tels des enfants qui jouent au bord de l'océan à construire avec persévérance des tours de sable qu'ils démolissent ensuite en riant.

Mais tandis que vous construisez vos tours, l'océan refoule un sable nouveau vers le rivage, et chaque fois que vous les démolissez, l'océan rit avec vous.

L'océan rit toujours avec les innocents.

Et qu'en est-il de ceux pour qui la vie n'est pas océan et les lois des hommes ne sont pas tours de sable,

Ceux pour qui la vie est un roc et la loi un burin avec lequel ils essaient de la tailler à leur image ?

Qu'en est-il de l'infirme qui hait les danseurs ?

Du bœuf qui aime son joug et considère l'élan

et le cerf de la forêt comme des créatures errantes, perdues ?

Du vieux serpent qui ne peut se dépouiller de sa peau et dit des autres qu'ils sont nus et impudiques ?

Et de celui qui, arrivé tôt au festin des noces, s'en va fourbu quand sa panse est pleine, proclamant que tout festin est transgression et tout convive transgresseur ?

Que dirais-je de ceux-là sinon qu'ils se tiennent, eux aussi, dans la clarté du soleil, mais le dos tourné à la lumière ?

Ils ne voient que leurs ombres, et leurs ombres sont leurs lois.

Et qu'est le soleil pour eux, sinon un projecteur d'ombres ?

Et reconnaître les lois, qu'est-ce d'autre que se pencher et tracer leurs ombres sur la terre ?

Mais vous qui marchez face au soleil, quelles images dessinées sur la terre pourraient-elles vous retenir ?

Vous qui voyagez avec le vent, quelle girouette orientera votre parcours ?

Quelle loi humaine vous restreindra si vous brisez votre joug, mais ailleurs que sur une porte de prison ?

Quelles lois craindrez-vous si vous dansez mais jamais ne trébuchez sur les chaînes d'un être humain ?

Et qui pourrait vous traduire en justice si vous

arrachez vos vêtements mais ne les laissez point sur les sentiers des hommes ?

Gens d'Orphalèse, vous pouvez voiler les tambours, vous pouvez détendre les cordes de la lyre, mais qui empêchera l'alouette de chanter ?

Un orateur dit : Parle-nous de la Liberté.

Il répondit :

Aux portes de la ville et auprès de vos foyers, je vous ai vus prosternés dans l'adoration de votre liberté,

Comme des esclaves s'humiliant devant un tyran et le louant cependant qu'il les massacre.

Oui, dans le bosquet du temple et à l'ombre de la citadelle, j'ai vu les plus libres d'entre vous porter leur liberté comme un joug et des menottes.

Mon cœur a saigné, car vous ne pourrez être libres que si le désir même de liberté devient pour vous une attelle et si vous cessez de parler de liberté comme d'un but et d'un accomplissement.

Vous serez libres, pleinement, lorsque vos jours n'étant pas délivrés de tout souci et vos nuits de toute peine,

Vous saurez, avec toutes ces restrictions encerclant vos existences, vous élever au-dessus d'elles, nus et affranchis.

Et comment vous élever au-dessus de vos jours et de vos nuits si vous ne rompez les chaînes que vous avez vous-mêmes, à l'aube de votre entendement, attachées autour de votre zénith ?

En vérité, ce que vous nommez liberté est la plus solide de ces chaînes, bien que ses maillons étincellent au soleil et éblouissent vos yeux.

Qu'est-ce d'autre sinon des fragments de votre être que vous voudriez rejeter, afin de devenir libres ?

Si c'est une loi injuste que vous souhaitez abolir, n'oubliez pas que cette loi a été écrite de votre main et sur votre front.

Vous ne pouvez l'effacer, ni en brûlant vos livres de lois, ni en lavant le front de vos juges, quand bien même vous y verseriez toute l'eau de la mer.

Si c'est un tyran que vous voulez détrôner, veillez d'abord à ce que son trône, érigé en vous-mêmes, soit détruit.

Comment un tyran pourrait-il régner sur des hommes libres et fiers si le despotisme ne pesait déjà sur leur liberté et la honte sur leur fierté ?

Si c'est un souci que vous voulez écarter, sachez que ce souci a été choisi par vous plus qu'il ne vous a été imposé.

Et si c'est une crainte que vous voulez chasser, je vous dis que le siège de cette crainte est dans votre cœur et non dans la main de celui que vous craignez.

En vérité, tout se meut en vous dans une demi-étreinte constante : ce que vous désirez et ce que vous redoutez, ce qui vous répugne et ce qui vous est cher, ce que vous poursuivez et ce que vous voulez fuir.

Ces choses se meuvent en vous par couples enlacés, telles ombres et lumières.

Quand l'ombre se dissipe et disparaît, la lumière qui s'attarde devient l'ombre d'une autre lumière.

C'est ainsi que, perdant ses entraves, votre liberté devient elle-même l'entrave d'une liberté plus grande.

La prêtresse reprit la parole pour dire : Parlenous de la Raison et de la Passion.

Il répondit :

Souvent votre âme est un champ de bataille sur lequel votre raison et votre jugement guerroient contre votre passion et votre appétit.

Je voudrais être un artisan de paix dans votre âme, afin de transformer la discorde et la rivalité de vos divers éléments en unité et mélodie.

Mais comment le pourrais-je si vous ne devenez aussi des artisans de paix et, mieux encore, les amis de tous vos éléments ?

Votre raison et votre passion sont gouvernail et voiles pour votre âme navigante.

Si les voiles ou le gouvernail se brisent, vous n'aurez d'autre choix que de vous laisser ballotter et flotter à la dérive, ou rester immobiles, ancrés en pleine mer.

Car la raison, si elle est seule à gouverner, est une force restrictive ; et la passion livrée à elle-même est une flamme qui brûle jusqu'à son extinction.

Que votre âme, donc, exalte votre raison jusqu'au sommet de la passion, afin qu'elle puisse chanter.

Et qu'elle dirige avec la raison votre passion, afin que celle-ci puisse vivre sa résurrection quotidienne et, tel le phénix, renaître de ses cendres.

Je voudrais que vous considériez votre jugement et votre appétit comme deux convives bien-aimés, invités dans votre maison.

Vous éviteriez d'honorer l'un plus que l'autre ; car celui qui est plus attentif à l'un perd l'amour et la confiance des deux.

Quand, dans les collines, vous êtes assis à l'ombre fraîche des peupliers blancs, partageant la paix et la sérénité des prairies et des champs lointains, laissez votre cœur dire en silence : « Dieu repose dans la raison. »

Et quand vient l'orage, qu'un vent puissant secoue la forêt, et que le tonnerre et l'éclair proclament la majesté du ciel, laissez votre cœur dire avec déférence : « Dieu se meut dans la passion. »

Et puisque vous êtes souffle dans la sphère de Dieu et feuille dans Sa forêt, vous devriez, vous aussi, reposer dans la raison et vous mouvoir dans la passion.

Une femme dit : Parle-nous de la Douleur.

Il répondit :

Votre douleur est l'éclatement de la coquille qui enferme votre entendement.

De même que le noyau doit se fendre afin que le cœur du fruit se présente au soleil, ainsi devrez-vous connaître la douleur.

Si vous saviez garder votre cœur émerveillé devant les miracles quotidiens de votre vie, votre douleur ne vous paraîtrait pas moins merveilleuse que votre joie ;

Vous accepteriez les saisons de votre cœur, comme vous avez toujours accepté les saisons qui passent sur vos champs,

Et vous veilleriez avec sérénité durant les hivers de vos chagrins.

Une grande part de votre douleur a été choisie par vous.

C'est la potion amère avec quoi le médecin en vous guérit votre moi malade.

Faites confiance, alors, au médecin, et buvez son remède calmement et en silence.

Car sa main, si lourde et rude soit-elle, est guidée par la tendre main de l'Invisible,

Et la coupe qu'il vous tend, bien qu'elle brûle vos lèvres, a été façonnée d'une argile que le Potier a imprégnée de Ses larmes sacrées.

Un homme dit : Parle-nous de la Connaissance de Soi.

Il répondit :

Vos cœurs connaissent en silence les secrets des jours et des nuits.

Mais vos oreilles se languissent d'entendre la voix de la connaissance en vos cœurs.

Vous voudriez savoir avec des mots ce que vous avez toujours su en pensée.

Vous voudriez toucher du doigt le corps nu de vos rêves.

Et il est bon qu'il en soit ainsi.

La source secrète de votre âme doit jaillir et couler en chuchotant vers la mer,

Et le trésor de vos abysses infinis se révéler à vos yeux.

Mais qu'il n'y ait point de balance pour peser votre trésor inconnu,

Et ne .sondez pas les profondeurs de votre connaissance avec tige ou jauge,

Car le soi est une mer sans limites ni mesures.

Ne dites pas : « J'ai trouvé la vérité », mais plutôt : « J'ai trouvé une vérité. »

Ne dites pas : « J'ai trouvé le chemin de l'âme. » Dites plutôt : « J'ai rencontré l'âme marchant sur mon chemin. »

Car l'âme marche sur tous les chemins.

L'âme ne marche pas sur une ligne de crête, pas plus qu'elle ne croît tel un roseau.

L'âme se déploie, comme un lotus aux pétales innombrables.

Puis un maître dit : Parle-nous de l'Enseigne-
ment.

Il répondit :

Personne ne peut vous apprendre quoi que ce
soit qui ne repose déjà au fond d'un demi-
sommeil dans l'aube de votre connaissance.

Le maître qui marche parmi ses disciples, à
l'ombre du temple, ne donne pas de sa sagesse,
mais plutôt de sa foi et de sa capacité d'amour.

S'il est vraiment sage, il ne vous invite pas à
entrer dans la demeure de sa sagesse. Il vous
conduit jusqu'au seuil de votre esprit.

L'astronome peut vous parler de son entende-
ment de l'espace. Il ne peut vous donner son
entendement.

Le musicien peut vous interpréter le rythme
qui régit tout espace. Il ne peut vous donner
l'ouïe qui capte le rythme, ni la voix qui lui fait
écho.

Celui qui est versé dans la science des nombres
peut décrire les régions du poids et de la mesure.
Il ne peut vous y emmener.

Car la vision d'un être ne prête pas ses ailes à d'autres,

De même que chacun de vous se tient seul dans la connaissance de Dieu, chacun de vous doit demeurer seul dans sa connaissance de Dieu et dans son entendement de la terre.

Un jeune homme dit : Parle-nous de l'Amitié.
Il répondit :
Votre ami est vos aspirations comblées.
Il est le champ que vous ensemencez avec amour et moissonnez avec gratitude.
Il est votre table, votre foyer.
Car vous venez à lui avec votre faim et vous le recherchez pour trouver la paix.

Lorsque votre ami vous confie le fond de sa pensée, vous ne craignez pas le « non » dans votre esprit et vous ne retenez pas le « oui ».
Et lorsqu'il est silencieux, votre cœur ne cesse d'être à l'écoute du sien ;
Car en amitié, toute pensée, tout désir, toute attente naissent et se partagent sans mots et avec une joie discrète.
Lorsque vous quittez votre ami, vous n'êtes pas attristés ;
Car ce que vous chérissez le plus en lui peut s'éclaircir en son absence, comme les sommets

apparaissent plus clairement aux yeux du montagnard qui les contemple de la plaine.

Qu'il n'y ait d'autre motif à l'amitié qu'un approfondissement de l'esprit ;

Car un amour en quête d'un autre but que la révélation de son mystère n'est pas de l'amour, mais un filet jeté sur l'eau : seul l'inutile est pris.

Que le meilleur de vous-mêmes soit pour votre ami.

S'il doit connaître le reflux de votre marée, qu'il en connaisse aussi le flux.

Qu'est donc votre ami pour que vous le recherchiez afin de tuer les heures ?

Toujours recherchez-le avec des heures à vivre.

Car il lui appartient de combler vos aspirations mais non votre vide.

Qu'il y ait du rire dans la douceur de l'amitié et un partage des plaisirs.

Car c'est dans la rosée de choses modestes que le cœur trouve son matin et sa fraîcheur.

Un lettré demanda : Que nous diras-tu de la Parole.

Il répondit ainsi :

Vous parlez lorsque vous cessez d'être en paix avec vos pensées ;

Et quand vous ne pouvez demeurer plus longtemps dans la solitude de votre cœur, vous vivez sur vos lèvres. Le son de la voix devient alors divertissement et passe-temps.

Et dans une grande part de vos propos, la pensée gît à demi assassinée.

Car la pensée est oiseau d'espace qui dans la cage des mots peut déployer ses ailes, mais non s'envoler.

Il y a parmi vous ceux qui recherchent les bavards par crainte d'être seuls.

Le silence de l'isolement leur montre la nudité de leur être et ils voudraient s'échapper.

Et il y a ceux qui parlent et, sans préméditation aucune et sans en être conscients, divulguent une vérité qu'eux-mêmes ne comprennent pas.

Enfin il y a ceux qui possèdent la vérité intérieurement mais ne l'expriment pas avec des mots.

C'est en leur sein que l'esprit réside, dans un silence cadencé.

Lorsque vous rencontrez votre ami au bord de la route ou sur la place du marché, laissez l'esprit en vous remuer vos lèvres et diriger votre langue.

Laissez la voix cachée en votre voix murmurer à l'oreille de son oreille ;

Car son âme retiendra la vérité de votre cœur comme on se souvient du goût du vin,

Quand la couleur est oubliée et que la coupe n'existe plus.

Un astronome dit alors : Maître, et le Temps, qu'en est-il ?

Il répondit :

Vous voudriez mesurer le temps, lui qui n'a pas de mesure et qui est incommensurable.

Vous voudriez ajuster votre comportement et même diriger le cours de votre esprit selon les heures et les saisons.

Du temps, vous voudriez faire une rivière sur les berges de laquelle vous viendriez vous asseoir pour la regarder couler.

Pourtant, l'intemporel en vous est conscient de l'intemporalité de la vie,

Et sait qu'hier n'est autre que la souvenance d'aujourd'hui, que demain est son rêve ;

Que ce qui en vous chante et médite habite toujours à l'intérieur des frontières de cet instant initial qui dispersa les étoiles dans l'espace.

Qui parmi vous ne sent pas que sa capacité d'amour est sans limites ?

Et pourtant, qui ne sent ce même amour, bien

qu'illimité, emprisonné au centre de son être et se mouvant non pas d'une pensée d'amour à une autre pensée d'amour, ni d'actes d'amour à d'autres actes d'amour ?

Et le temps n'est-il pas, tel l'amour, indivisible et fixe ?

Mais s'il vous faut, dans votre pensée, découper le temps en saisons, que chacune encercle toutes les autres,

Et que l'aujourd'hui enlace le passé avec le souvenir, et l'avenir avec un désir ardent.

Un des anciens de la cité dit : Parle-nous du Bien et du Mal.

Il répondit :

Je peux parler du bien en vous, mais du mal je ne peux rien dire.

Qu'est le mal, sinon le bien torturé par sa faim et par sa soif ?

Quand le bien a faim, il cherche de quoi manger, même dans les sombres cavernes, et quand il a soif il boit, même des eaux mortes.

Vous êtes bons lorsque vous vous maintenez dans l'unité avec vous-mêmes.

Mais si vous n'êtes pas dans cette unité, vous n'êtes pas mauvais pour autant.

Une maison divisée n'est pas un repaire de brigands ; ce n'est qu'une maison divisée.

Un bateau sans gouvernail peut errer sans but parmi des récifs périlleux et pourtant ne jamais sombrer.

Vous êtes bons lorsque vous vous efforcez de donner de vous-mêmes,

Mais vous n'êtes pas mauvais si vous cherchez à acquérir du profit.

En acquérant du profit, vous êtes semblables à une racine qui s'accroche à la terre et suce son sein.

Assurément, le fruit ne peut dire à la racine : « Sois comme moi, mûre et pleine, et toujours généreuse de ton abondance. »

Car le fruit a besoin de donner, de même que la racine a besoin de recevoir.

Vous êtes bons lorsque dans votre discours vous êtes en pleine lucidité.

Mais vous n'êtes pas mauvais si vous balbutiez confusément dans votre sommeil.

Un discours, même chancelant, peut fortifier une langue hésitante.

Vous êtes bons lorsque vous marchez vers votre but de pied ferme et le pas bien assuré.

Mais si vous y allez en boitant, vous n'êtes pas mauvais.

Même ceux qui boitent ne vont pas à reculons.

Vous qui êtes forts et rapides, gardez-vous de boiter devant les infirmes en signe de bonté.

Vous êtes bons de diverses façons, et quand vous ne l'êtes pas, cela ne signifie pas que vous soyez mauvais,

Seulement que vous traînez et paressez.

Dommage que les cerfs ne puissent enseigner la rapidité aux tortues.

Dans votre désir d'un moi géant se trouve votre excellence, et ce désir repose en chacun de vous.

Mais chez certains ce désir est un torrent roulant impétueusement vers la mer, charriant les secrets des collines et les chants de la forêt.

Chez d'autres c'est un ruisseau à la surface plane qui serpente dans les recoins et les méandres et s'y attarde, avant de rejoindre le rivage.

Mais que celui qui éprouve un ardent désir ne dise pas à celui dont le désir est tiède : « Pourquoi es-tu si lent et si hésitant ? »

Car ceux qui sont vraiment bons ne demandent pas à ceux qui sont nus : « Où est ton vêtement ? » Ni à ceux qui n'ont pas de toit : « Qu'est-il arrivé à ta maison ? »

Une prêtresse dit alors : Parle-nous de la Prière.

Il répondit ainsi :

Vous priez dans votre détresse et à l'heure de votre besoin. Puissiez-vous aussi prier dans la plénitude de votre joie et aux jours d'abondance.

Qu'est la prière sinon une dilatation de votre être dans l'éther vivant ?

S'il est plaisant pour vous de verser vos ténèbres dans l'espace, répandre les premières lueurs de votre cœur fera également vos délices.

Et si vous ne pouvez retenir vos larmes lorsque votre âme vous incite à la prière, elle devrait revenir à la charge, encore et encore, malgré vos pleurs, jusqu'à ce que vous commenciez à rire.

Quand vous priez, vous vous élevez pour croiser dans les airs ceux qui prient à la même heure et que, sauf dans la prière, vous ne pouvez jamais rencontrer.

Que votre visite, donc, à ce temple invisible, ne soit que pour l'extase et la douce communion,

Car si vous deviez y entrer pour quémander seulement, vous ne recevriez rien,

Et si c'était pour vous humilier, vous ne seriez pas relevés,

Ou même si c'était pour mendier au bénéfice d'autrui, vous ne seriez pas entendus.

Qu'il vous suffise de pénétrer dans le temple invisible.

Je ne peux vous enseigner comment prier avec des mots.

Dieu n'écoute vos paroles que s'Il les prononce Lui-même à travers vos lèvres.

Et je ne peux vous enseigner la prière des mers et des forêts et des montagnes.

Mais vous qui êtes nés des montagnes et des forêts et des mers, vous pouvez trouver leur prière en vos cœurs,

Et si vous voulez bien prêter l'oreille dans la quiétude de la nuit, vous les entendrez dire en silence :

« Notre Dieu, Toi qui es notre moi ailé, c'est Ta volonté en nous qui commande.

C'est Ton désir en nous qui désire.

C'est Ta pulsion en nous qui transforme nos nuits, qui sont Tiennes, en jours qui sont à Toi aussi.

Nous ne pouvons rien Te demander, car Tu

connais nos besoins avant même qu'en nous ils existent.

Tu es notre besoin ; et en nous donnant davantage de Toi-même, Tu nous donnes tout. »

Alors un anachorète qui venait à la ville une fois l'an s'avança et dit : Parle-nous du Plaisir.

Il répondit en disant :

Le plaisir est chant de liberté,

Mais n'est pas la liberté.

Il est la floraison de vos désirs,

Mais pas leurs fruits.

Il est une profondeur appelant une hauteur,

Mais il n'est ni le haut ni le profond.

Il est l'encagé prenant son envol,

Mais pas l'espace clos.

Oui, vraiment, le plaisir est chant de liberté

Et j'aimerais vous entendre le chanter avec la plénitude du cœur ; je ne voudrais pourtant pas que vous perdiez vos cœurs dans ce chant.

Certains, parmi vos jeunes gens, poursuivent le plaisir comme une fin en soi. On les juge et on les réprimande.

Je ne veux ni les juger ni les réprimander. Je voudrais seulement qu'ils cherchent.

Car ils trouveront le plaisir, mais pas le plaisir uniquement.

Le plaisir a sept sœurs, et la moins belle d'entre elles est plus belle que le plaisir.

Ne connaissez-vous pas l'histoire de l'homme qui piochait la terre pour en extraire des racines et trouva un trésor ?

Et certains, parmi vos anciens, se souviennent de leurs plaisirs avec regret, comme de fautes commises en état d'ébriété.

Mais le regret est obscurcissement de l'esprit, pas sa punition.

Ils devraient se souvenir de leurs plaisirs avec reconnaissance, comme d'une moisson d'été.

Toutefois, si le regret leur apporte du réconfort, qu'ils soient réconfortés.

Il en est parmi vous qui ne sont ni assez jeunes pour chercher, ni assez vieux pour se souvenir ;

Et dans leur peur de la quête et du souvenir, ils se refusent tout plaisir, de crainte de négliger l'esprit ou de l'offenser.

Dans leur renoncement même est leur plaisir.

Ainsi trouvent-ils, eux aussi, un trésor, bien qu'ils creusent le sol avec des mains tremblantes, pour déterrer des racines.

Mais dites-moi, qui pourrait offenser l'esprit ?

Le rossignol offense-t-il la quiétude de la nuit, la luciole offense-t-elle les étoiles ?

Votre flamme ou votre fumée seront-elles fardeau pour le vent ?

Pensez-vous que l'esprit soit une pièce d'eau dormante que l'on peut troubler avec un bâton ?

En vous refusant le plaisir, souvent c'est le désir que vous emmagasinez dans les replis de votre être.

Qui sait si le refoulé d'aujourd'hui n'est pas en attente du lendemain ?

Même votre corps connaît son héritage et son besoin légitime, et il ne se laisse pas tromper.

Votre corps est une harpe pour votre âme.

À vous d'en tirer une douce musique ou des sons confus.

Et voilà que vous vous demandez : « Comment distinguerons-nous dans le plaisir ce qui est bon de ce qui ne l'est pas ? »

Allez à vos champs et à vos jardins. Là, vous apprendrez que le plaisir de l'abeille est de butiner son miel sur la fleur.

Mais que c'est aussi le plaisir de la fleur de donner son miel à l'abeille.

Pour l'abeille, la fleur est fontaine de vie,

Et pour la fleur, l'abeille est messagère d'amour.

Pour les deux, abeille et fleur, donner et recevoir le plaisir est un besoin et une extase.

Gens d'Orphalèse, soyez dans vos plaisirs telles la fleur et l'abeille.

Et un poète dit : Parle-nous de la Beauté.

Il répondit :

Où chercherez-vous la beauté et comment la trouverez-vous, si elle n'est votre chemin et votre guide ?

Et comment parlerez-vous d'elle si elle n'est la tisserande de vos discours ?

Les meurtris, les affligés disent : « La beauté est douce et bonne.

Telle une jeune mère, intimidée par sa propre gloire, elle passe parmi nous. »

Les passionnés disent : « Non, la beauté est chose de puissance et de terreur.

Elle secoue la terre sous nos pieds, comme la tempête, et le ciel au-dessus de nos têtes. »

Ceux qui sont las et fourbus disent : « La beauté est doux murmures. Elle parle dans notre esprit.

Sa voix cède à nos silences comme une faible lueur vacillant de peur devant l'ombre. »

Mais les tourmentés disent : « Nous l'avons entendue qui criait dans les montagnes,

Et avec ses cris nous parvenaient le martèlement des sabots, le battement des ailes et le rugissement des lions. »

La nuit, les vigiles de la cité disent : « La beauté se lèvera de l'Orient avec l'aurore. »

Et à midi, les travailleurs et ceux qui cheminent sur les routes disent : « Nous l'avons vue, aux fenêtres du couchant, se pencher sur la terre. »

Ceux qui en hiver restent prisonniers des neiges disent : « Elle viendra avec le printemps, bondissant sur les collines. »

Et par la canicule d'été, les moissonneurs disent : « Nous l'avons vue dansant avec les feuilles d'automne et nous avons aperçu des flocons de neige dans ses cheveux. »

Tout cela, vous l'avez dit de la beauté,

Mais en réalité ce n'est pas d'elle que vous parliez, mais de vos besoins inassouvis.

La beauté n'est pas un besoin mais une extase.

Elle n'est pas une bouche assoiffée ni une main vide qui se tend,

Mais un cœur enflammé, une âme enchantée.

Elle n'est ni l'image que vous voudriez voir, ni le chant que vous voudriez entendre,

Mais une image que vous voyez, même les yeux fermés, un chant que vous entendez, même les oreilles scellées.

Elle n'est pas sève dans les sillons de l'écorce,
ni aile rattachée à une griffe,
Mais jardin toujours fleuri et troupeau
d'anges, en vol éternellement.

Gens d'Orphalèse, la beauté est la vie dévoi-
lant sa sainte face.
Quant à vous, vous êtes la vie et vous êtes le
voile.
La beauté est l'éternité se contemplant dans un
miroir,
Mais vous, vous êtes l'éternité, vous êtes le
miroir.

Un vieux prêtre dit : Parle-nous de la Religion.

Il répondit :

Ai-je parlé d'autre chose aujourd'hui ?

La religion n'est-elle pas tout acte, toute réflexion,

Et tout ce qui n'étant ni acte ni réflexion surgit sans trêve dans l'âme comme émerveillement et surprise, tandis que les mains taillent la pierre ou s'activent sur le métier ?

Qui peut séparer sa foi de ses actes, ou sa croyance de ses occupations ?

Qui peut étaler ses heures devant lui en disant : « Ceci pour Dieu, cela pour moi. Cette part pour mon âme, cette autre pour mon corps » ?

Vos heures sont des ailes palpitant à travers l'espace entre soi et soi.

Celui qui revêt sa moralité seulement comme habit de fête ferait mieux de rester nu.

Ni vent ni soleil ne troueront sa peau.

Celui qui arrête sa conduite selon une éthique emprisonne son oiseau-chanteur dans une cage.

Le chant le plus libre ne passe pas à travers barreaux et grillages.

Et celui pour qui l'adoration est une fenêtre à ouvrir, mais aussi à fermer, n'a pas encore visité la maison de son âme dont les fenêtres restent ouvertes d'aube à aube.

Votre vie quotidienne est votre temple et votre religion.

Quand vous y entrez, prenez avec vous tout ce que vous possédez.

Prenez la charrue et la forge, le maillet et le luth,

Les choses que vous avez fabriquées par nécessité ou pour le plaisir.

Au cours de vos rêveries, vous ne pouvez vous élever au-dessus de vos réalisations, ni tomber plus bas que vos échecs.

Et prenez avec vous toute l'humanité,

Car dans l'adoration, vous ne pouvez voler plus haut que leurs espoirs, ni vous humilier plus bas que leur désespérance.

Et si vous voulez connaître Dieu, ne vous présentez pas en déchiffreur d'énigmes.

Regardez plutôt autour de vous et vous Le verrez jouant avec vos enfants.

Examinez l'espace ; vous Le verrez marchant

dans la nuée, étendant les bras dans l'éclair et descendant dans la pluie.

Vous Le verrez sourire dans les fleurs, puis Se lever et froisser les arbres de ses mains.

Alors al-Mitra prit la parole, disant : Nous voudrions maintenant t'interroger sur la Mort.

Il répondit :

Vous voulez connaître le secret de la mort.

Mais comment le découvrirez-vous si vous ne le cherchez au cœur de la vie ?

Le hibou aux yeux nyctalopes aveuglés par le jour ne peut dévoiler le mystère de la lumière.

Si vous voulez voir l'esprit de la mort, ouvrez grand votre cœur au corps de la vie.

La vie et la mort sont une, comme la mer et le fleuve sont un.

Dans les abysses de vos espoirs et de vos désirs se trouve votre connaissance silencieuse de l'au-delà ;

Et telles des semences rêvant sous la neige, votre cœur rêve du printemps.

Faites confiance aux rêves : en eux est caché le portail de l'éternité.

Votre peur de la mort n'est que le tremblement du berger lorsqu'il se tient devant le roi, sachant que la main de celui-ci va se poser sur lui pour l'honorer.

Le berger n'est-il pas heureux, sous son tremblement, de ce témoignage du roi ?

Mais n'est-il pas plus conscient encore de son tremblement ?

Mourir, qu'est-ce d'autre que se tenir nu sous le vent et se dissoudre dans le soleil ?

Et qu'est-ce que cesser de respirer, sinon libérer son souffle des courants qui l'agitent pour lui permettre de s'élever, se dilater et, délivré de toute contrainte, rechercher Dieu ?

Ce n'est que lorsque vous boirez à la rivière du silence que vous pourrez chanter.

Quand vous aurez atteint le sommet de la montagne, vous commencerez votre ascension.

Et quand la terre revendiquera vos membres, c'est alors que véritablement vous danserez.

Le soir était venu.

Al-Mitra, la voyante, dit : Bénis soient ce jour, ce lieu, et ton esprit qui a parlé.

Il répondit : Est-ce moi qui ai parlé ?

N'étais-je pas aussi de ceux qui écoutaient ?

Puis il descendit les marches du temple et tous le suivirent. Il monta à bord de son navire et se tint sur le pont.

Face à la foule, une fois de plus, il éleva la voix pour dire :

Gens d'Orphalèse, le vent me commande de vous quitter.

Moins fougueux que le vent, je dois pourtant partir.

Nous autres errants, qui toujours recherchons la voie la plus solitaire, nous ne commençons aucune journée là où la journée précédente a pris fin ; et le levant ne nous trouve jamais là où le couchant nous a laissés.

Tant que dort la terre, nous voyageons.

Nous sommes semences de la plante tenace, et

c'est dans notre maturité et dans la plénitude de nos cœurs que nous sommes livrés au vent et dispersés.

Brefs furent mes jours parmi vous, plus brèves encore les paroles que je vous ai adressées.

Mais si ma voix devait faiblir dans vos oreilles et mon amour disparaître de vos mémoires, alors je vous reviendrai,

Et d'un cœur plus riche et avec des lèvres plus offertes à l'esprit, je parlerai.

Oui, je reviendrai avec la marée montante.

La mort dût-elle me cacher et le plus grand silence m'envelopper, à nouveau je ferai appel à votre entendement.

Et mon appel ne sera pas vain.

Si dans mon discours se trouvait une part de vérité, cette vérité se révélera d'une voix plus claire et avec des paroles plus proches de vos pensées.

Je pars avec le vent, gens d'Orphalèse, mais je ne descends pas dans le vide.

Et si ce jour n'est pas l'accomplissement de vos aspirations et de mon amour, qu'il en soit la promesse pour un jour à venir.

Les aspirations de l'homme changent, mais pas son amour ni le désir qu'il a de voir son amour satisfaire ses aspirations.

Sachez donc que je reviendrai du plus grand silence.

La brume qui s'évapore au petit matin, ne

laissant que la rosée dans les champs, s'élèvera et s'assemblera en nuage pour ensuite retomber en pluie.

Telle la brume ai-je été.

Dans la quiétude de la nuit j'ai arpenté vos rues, et mon esprit a pénétré vos maisons ;

Les battements de vos cœurs résonnaient en mon cœur, vos souffles étaient sur mon visage et tous, je vous ai connus.

Oui, j'ai connu vos joies et vos peines, et dans votre sommeil vos rêves étaient mes rêves.

J'étais souvent parmi vous, lac parmi les montagnes ;

Je reflétais vos sommets et les pentes douces de vos versants, et même les troupeaux transhumants de vos pensées et de vos désirs.

Le rire de vos enfants parvenait jusqu'à mon silence en ruisseaux, et le désir de vos jeunes gens en rivières.

Et lorsqu'ils atteignaient mes profondeurs, ruisseaux et rivières ne cessaient de chanter.

Mais autre chose, plus suave que le rire, plus vaste que le désir, arriva jusqu'à moi.

Ce fut l'illimité en vous :

Cet homme immense en qui vous n'êtes tous que cellules et articulations,

Lui, dans le chant de qui toutes vos musiques ne sont que muette pulsation.

C'est en cet homme immense que vous êtes grands,

Et c'est en le voyant que je vous ai vus et aimés.

Quelles distances peut couvrir l'amour, qui ne seraient comprises en cette sphère immense ?

Quelles visions, quelles attentes et quelles conjectures pourraient-elles dépasser cet envol ?

Tel un chêne géant couvert de fleurs de pommier est l'homme immense en vous.

Sa force vous relie à la terre, sa senteur vous soulève dans l'espace, en sa pérennité vous êtes immortels.

Il vous a été dit que semblables à une chaîne, vous êtes aussi faibles que le plus faible de ses maillons.

Ceci n'est qu'une moitié de la vérité. Vous êtes également aussi forts que son maillon le plus fort.

Vous mesurer selon votre acte le plus insignifiant, c'est estimer la puissance de l'océan à la fragilité de son écume.

Vous juger selon vos échecs serait reprocher aux saisons leur inconstance.

Oui, pareils à l'océan êtes-vous,

Et bien que des vaisseaux échoués attendent la marée sur vos rivages, tel l'océan vous ne pouvez précipiter vos marées.

Pareils aux saisons êtes-vous aussi.

Et bien qu'en votre hiver vous niiez votre printemps,

Le printemps qui repose en vous sourit dans sa somnolence et n'est pas offensé.

Ne croyez pas que j'ai dit ces choses afin que vous puissiez vous répéter les uns aux autres : « Il a fait notre éloge. En nous il n'a vu que le bien. »

Je ne fais que vous dire avec des paroles ce que déjà vous connaissez en pensée.

Et qu'est la connaissance avec des paroles sinon l'ombre d'une connaissance sans paroles ?

Vos pensées et mes paroles sont les vagues d'une mémoire scellée qui tient les registres de notre passé,

Des jours anciens où la terre ne nous connaissait pas, ne se connaissait pas elle-même,

Et des nuits où elle était bouleversée de secousses confuses.

Des sages sont venus chez vous pour vous faire don de leur sagesse. Quant à moi, je suis venu pour prendre de votre sagesse.

Et voilà que j'ai trouvé plus grand que la sagesse :

Une flamme-esprit qui brûle en vous, augmentant toujours davantage,

Tandis que vous vous lamentez, insoucieux de son essor, sur le flétrissement de vos jours.

C'est la vie en quête de vie dans des corps qui redoutent la tombe.

Point de tombes ici.

Ces montagnes et ces plaines sont berceau et pavé.

Chaque fois que vous passez auprès du champ

où, par vos soins, reposent vos ancêtres, examinez-le bien. Vous verrez vos enfants dansant avec vous-mêmes, la main dans la main.

En vérité, vous avez souvent le cœur en fête et ne le savez même pas.

D'autres sont venus vers vous à qui, en échange de promesses dorées, vous avez donné richesses, puissance et gloire.

Je vous ai donné moins qu'une promesse, et vous avez pourtant été plus généreux encore avec moi.

Vous m'avez donné ma plus profonde soif de vie.

Assurément, il n'est pas de don plus grand pour un homme que de transformer toute ambition en lèvres brûlantes et toute vie en fontaine.

Et voici où résident mon honneur et ma récompense :

Que chaque fois que je m'approche de la fontaine pour m'y désaltérer, je trouve l'eau vive elle-même assoiffée,

Et qu'elle me boive tandis que je la bois.

Certains d'entre vous m'ont estimé trop fier et trop timide pour recevoir des cadeaux ;

Je suis trop fier, en effet, pour recevoir un salaire, mais pas pour accepter des cadeaux.

Et bien que je me sois nourri de baies dans les collines, alors que vous m'auriez volontiers invité à votre table,

Et que j'aie dormi sous les portiques du

temple, alors que vous m'auriez offert l'hospitalité,

N'était-ce pas votre tendre souci de mes jours et de mes nuits qui rendait la nourriture douce à ma bouche et entourait mon sommeil de visions ?

Plus que tout, voici pourquoi je vous bénis :

Vous donnez généreusement et ne savez même pas que vous donnez.

En vérité, la bonté qui se contemple dans un miroir se pétrifie,

Et une bonne action qui se félicite avec des mots affectueux engendre une malédiction.

Certains ont dit que j'étais hautain, ivre de mon isolement.

Et vous, vous avez dit : « Il tient conseil avec les arbres de la forêt, mais pas avec les hommes.

Il s'assied seul, au sommet des collines, et regarde notre ville d'en haut. »

Il est vrai que j'ai gravi les collines et marché en des lieux lointains.

Comment aurais-je pu vous voir autrement que d'une grande altitude ou d'une grande distance ?

Comment être proche si l'on n'est éloigné ?

D'autres se sont adressés à moi, sans paroles. Ils disaient :

« Étranger, étranger, amant de cimes inatteignables, pourquoi habites-tu ces sommets où les aigles font leurs nids ?

Pourquoi recherches-tu l'inaccessible ?

Quels orages voudrais-tu piéger dans tes rets ?

Et quels oiseaux diaphanes chasses-tu dans le ciel ?

Viens et sois l'un de nous.

Descends et apaise ta faim avec notre pain ; étanche ta soif avec notre vin. »

Ces choses furent dites dans la solitude de leurs cœurs ;

Mais si cette solitude avait été plus profonde, ils auraient compris que je cherchais seulement le secret de votre joie et de votre peine,

Et que je ne chassais d'autre proie que votre moi élargi cheminant dans le ciel.

Le chasseur, lui aussi, était pourchassé.

Bien des flèches n'ont quitté mon arc que pour se retourner contre ma poitrine.

Et celui qui volait était aussi celui qui rampait :

Lorsque mes ailes se déployaient dans le soleil, leur ombre sur la terre dessinait une tortue.

Moi, le croyant, j'étais aussi le sceptique,

Car j'ai souvent mis le doigt dans mes plaies afin de mieux croire en vous et mieux vous connaître.

C'est nanti d'une foi et d'une connaissance ainsi acquises que je dis :

Vous n'êtes pas enclos dans vos corps ni confinés dans vos maisons ou dans vos champs.

Ce qui est vous demeure au-dessus des montagnes et erre avec le vent.

Ce n'est pas une créature qui se traîne au soleil pour se réchauffer ou creuse des trous dans l'obscurité pour s'y réfugier,

Mais un être libre, un esprit qui enveloppe la terre et se meut dans l'éther.

Si mon discours vous semble vague, ne tentez pas de l'élucider.

Vague et nébuleux est le commencement de toute chose ; l'aboutissement ne l'est pas.

J'aimerais que vous vous souveniez de moi comme d'un commencement.

La vie, comme tout ce qui est vivant, est conçue dans le brouillard et non dans le cristal,

Et qui sait si le cristal n'est pas brouillard altéré ?

Voici ce dont je voudrais que vous vous souveniez lorsque mon souvenir sera évoqué :

Ce qui paraît en vous le plus faible et le plus désemparé est le plus fort et le plus déterminé,

N'est-ce pas votre souffle qui a dressé et fortifié votre ossature ?

Et n'est-ce pas un rêve qu'aucun de vous ne se rappelle avoir rêvé qui a bâti votre ville et tout ce qu'elle contient ?

Si vous pouviez voir les marées de ce souffle, vous ne verriez plus rien d'autre.

Et si vous pouviez entendre le murmure de ce rêve, vous n'entendriez plus d'autre son.

Mais vous ne voyez ni n'entendez, et il est bien qu'il en soit ainsi.

Le voile qui obscurcit vos yeux sera levé par les mains qui l'ont tissé,

L'argile qui emplit vos oreilles sera percée par les doigts qui l'ont pétrie.

Et vous verrez,

Et vous entendrez.

Vous ne regretterez pas toutefois d'avoir connu la cécité, ni d'avoir été sourds.

Car en ce jour vous prendrez connaissance des desseins cachés derrière toute chose,

Et vous bénirez les ténèbres comme vous béniriez la lumière.

Ayant dit cela, il projeta son regard autour de lui et vit le pilote de son navire debout, auprès du gouvernail, et surveillant tantôt les voiles déployées, tantôt l'horizon.

Et il dit :

Patient, trop patient est le capitaine de mon navire.

Le vent souffle et les voiles s'agitent.

La barre, elle-même, réclame une direction ;

Et pourtant, tranquillement mon capitaine attend mon silence.

Et ceux-ci, mes marins, qui ont entendu le chœur de la haute mer, eux aussi m'ont écouté avec patience.

Ils n'auront plus à attendre, maintenant.

Je suis prêt.

Le fleuve a atteint la mer et, une fois encore, la mère immense presse le fils sur son sein.

Adieu, gens d'Orphalèse.

Ce jour a pris fin.

Il se referme sur nous tel le nénuphar sur son lendemain.

Ce qui nous a été donné ici, nous le garderons.

Et si cela ne suffit pas, il nous faudra à nouveau nous réunir et, ensemble, tendre nos mains vers le Donateur.

N'oubliez pas que je vous reviendrai.

Encore un peu, et ma nostalgie rassemblera poussière et écume pour un autre corps.

Encore un peu, le temps d'une pause sur le vent, et une autre femme m'enfantera.

Je vous dis adieu, ainsi qu'à la jeunesse passée auprès de vous.

Hier seulement, en rêve nous nous sommes rencontrés.

Vous avez chanté pour moi dans ma solitude, et de vos désirs j'ai bâti une tour dans le ciel.

Mais voici que notre sommeil a fui et que notre rêve a pris fin. L'heure de l'aube est passée.

Midi nous talonne, notre réveil matinal est devenu plein jour et il faut nous séparer.

Si au crépuscule de notre mémoire nous devions une fois encore nous rencontrer, nous converserons de nouveau et vous me chanterez un chant plus grave.

Et si dans un autre rêve nos mains devaient se

retrouver, nous bâtirons une tour nouvelle dans le ciel.

Disant cela, il adressa un signe aux marins qui sur-le-champ levèrent l'ancre et larguèrent les amarres. Le navire prit la direction du levant.

Un cri jaillit de la foule comme d'un seul cœur, s'éleva dans le crépuscule et fut emporté sur les flots comme le son triomphant d'une conque marine.

Seule al-Mitra demeura silencieuse, suivant le navire du regard jusqu'à ce qu'il eût disparu dans la brume.

Et quand tous se furent dispersés, elle resta debout sur la digue, se remémorant en son cœur ce qu'il avait dit :

« Encore un peu, le temps d'une pause sur le vent, et une autre femme m'enfantera. »

UN AUTRE GIBRAN

Une nouvelle traduction du *Prophète* de Khalil Gibran. Pourquoi ? On dit parfois qu'un grand texte ne peut être épuisé par une traduction unique, si bonne soit-elle, et que, les années passant, de nouvelles tentatives s'imposent. On peut ne pas souscrire à ce point de vue : en effet, si le texte original se maintient, ne souffre pas de la pesanteur du temps, pourquoi n'en irait-il pas de même de sa traduction, à condition que celle-ci soit parvenue à faire sentir la respiration initiale insufflée par l'auteur ? Non, il nous semble qu'une nouvelle traduction ne se justifie que si elle apporte des éléments nouveaux et permet, en quelque sorte, une nouvelle lecture. C'est ce que nous nous sommes proposé d'entreprendre ici, tout d'abord avec la préface d'Adonis qui, en tant que poète arabe contemporain — et poète qui a revivifié la poésie de sa langue, au cours des dernières décennies, par les voies les plus audacieuses —, se réclame d'une filiation avec un auteur dont on pourrait croire *a priori* que tout le sépare. Il s'en explique : pour lui, Gibran est un transmetteur de la vision mystique, telle que l'entendent les poètes et les penseurs de l'Orient, et celui qui, le premier, a œuvré pour désenclaver la poésie arabe des domaines inexpugnables du fond et de la forme où elle était restée captive depuis plusieurs siècles.

Mais Gibran n'était-il pas, lui aussi, captif de certaines contraintes, contraintes d'ordre linguistique ? Un coup d'œil sur sa biographie montre comment, ayant quitté son pays à l'âge de douze ans, il aurait demandé à y retourner, deux ans plus tard, pour étudier l'arabe. Démarche plutôt étonnante chez un jeune émigré. Gibran aura donc deux langues d'expression : l'arabe et l'anglais, et, ce qui est encore plus étonnant, sa vie d'écrivain se partagera entre les deux. Il n'a pas quitté l'une pour l'autre, comme cela est généralement le cas de ceux qui adoptent une langue étrangère

113

comme langue d'écriture. Un examen attentif du *Prophète* révèle une autre singularité : Gibran écrit en anglais mais pense en arabe. C'est en se situant au point de jonction des trois langues — langue d'origine, langue d'expression et langue de traduction — que l'on prend conscience de ce phénomène vérifiable à chaque page, aussi bien dans les tournures syntaxiques que dans l'emploi d'expressions idiomatiques tirées directement de l'arabe, et même dans ce qui pourrait s'appeler des « tics » langagiers, qu'on finit par ne plus remarquer (toutes les langues en ont), sauf quand il s'agit de les traduire. Le résultat ici est un anglais un peu archaïsant, étudié, ce qui donne au texte une tonalité nettement biblique, rigide, comme est rigide une langue savamment, trop savamment maniée par un étranger. Il n'y a pas de doute sur le fait que Gibran maîtrisait bien l'anglais. De plus, en se fondant sur de nombreux témoignages, on sait que Mary Haskell *, et plus tard Barbara Young *, l'assistaient de leurs conseils et revoyaient tout ce qu'il écrivait. Mais c'était un anglais acquis — on n'a pas l'impression qu'il ait jamais été intégré pleinement.

Ces spécificités que nous avons relevées sont traduisibles en français dans leur littéralité, et c'est le parti que l'on a, le plus souvent, choisi de suivre jusqu'à présent dans les versions françaises du *Prophète*. Le nôtre a été de profiter du passage à une langue tierce de ce texte anglais, mais venant de l'arabe, pour essayer de l'alléger et, d'une certaine façon, de l'assouplir. Non pas que nous ayons eu l'intention de le moderniser. *Le Prophète*, livre d'une sagesse tout orientale, est intemporel et devait déjà paraître étrangement obsolète à sa sortie, en 1923 ; ni de le franciser — c'eût été une entreprise impossible... Nous avons seulement voulu atténuer son aspect parfois solennel, parfois didactique **, et mettre l'accent sur la poésie et sur la dimension onirique qui s'en dégagent, sans pour autant modifier un message dont la spiritualité n'est plus à démontrer. L'originalité de Gibran est d'avoir transmis en anglais une sagesse et une spiritualité dont il était porteur et d'avoir su les adapter à des besoins qu'il pressentait chez un public qu'il connaissait bien. Il ne s'y est pas trompé, ainsi que l'atteste le succès prodigieux qu'a connu et que connaît encore ce livre aux États-Unis. On peut même supposer que si *Le Prophète* a été publié en anglais, c'est pour cette raison. Comme nous l'indiquons dans la

---

* Voir la partie biographique.
** Les éditions Heinemann ont classé *Le Prophète* sous la rubrique « philosophie ».

partie biographique qui suit, Gibran en avait commencé la rédaction dans sa jeunesse, et les premières versions, dont il ne subsiste apparemment aucune trace, furent écrites en arabe. Il aurait même donné lecture de quelques pages à sa mère, peu de temps avant la mort de celle-ci, en 1903, et elle lui aurait conseillé d'attendre avant de songer à une publication, afin que l'œuvre mûrisse.

Les deux références obligées, lorsqu'il est fait mention de Khalil Gibran, sont William Blake et Nietzsche. Le premier parce que Gibran lui-même a souvent parlé de lui avec admiration et parce que son œuvre picturale semble, en effet, être directement inspirée par celle de Blake. Pour ce qui est de l'écriture, on nous permettra d'observer une certaine réticence. Cette parenté, nous ne la percevons que peu, et par ailleurs il n'est peut-être pas toujours indispensable de trouver des ressemblances. Celle avec Nietzsche, pourtant, s'impose. Il y a un parallélisme indiscutable entre le personnage du Prophète et celui de Zarathoustra, et aussi entre les formes d'écriture revêtues par les deux textes : Le Prophète et Ainsi parla Zarathoustra. Mais la ressemblance s'arrête là. S'il fallait vraiment se livrer au comparatisme, ce serait plutôt vers Walt Whitman que nous nous tournerions, car Gibran fut le premier à introduire le « poème en prose » dans la littérature arabe, marquant ainsi une étape capitale dans la poésie de sa langue d'origine, et on ne peut s'empêcher de penser qu'il a été imprégné, compte tenu de l'époque où il a vécu aux États-Unis, par les grandes cadences whitmaniennes, par leur ampleur et leur lyrisme.

En revanche, la reprise de certains termes récurrents chez les mystiques arabes, pour moins évidente qu'elle soit (et sans prétendre que ce vocabulaire leur appartienne exclusivement), devrait frapper ceux qui sont un peu familiers de ces versants du paysage mystique en littérature : la balance, la flûte et le roseau, l'arc et les flèches, la route et la marche, le navire et la navigation, la mer et le désert, l'eau et le sable, la soif, la flamme... C'est ici le moment de signaler que ce chrétien maronite avait, du côté maternel, un arrière-grand-père chi'ite venu se réfugier dans la montagne (ou la Montagne, comme disaient les Français autrefois), et converti au christianisme pour des raisons contraignantes, ce qui arrivait souvent dans le Liban d'alors. Quelque trace du mysticisme des chi'ites serait-elle passée subrepticement dans les veines de Gibran ? C'est une question que l'on est en droit de se poser.

En dehors de la raison d'ordre linguistique — rendre un peu d'aisance et de simplicité à un auteur entravé par une langue qui n'était pas la sienne —, il en est une autre qui nous a fait estimer légitime de prendre une certaine liberté de traduction : cette liberté nous a paru en harmonie avec la personnalité de Gibran, telle que nous l'appréhendons à travers de nombreuses pages et dans les attitudes qu'il adoptait face aux grands problèmes de son temps. Gibran était un esprit novateur, comme l'a démontré Adonis dans sa préface, constamment en lutte contre le conformisme, qu'il fût social, politique, religieux ou culturel. Ses écrits arabes sont là pour en témoigner. Les commentateurs gibraniens aux États-Unis, pour la plupart d'origine proche-orientale, nous apprennent qu'il fut excommunié en 1903 par l'Église maronite et exilé par les autorités ottomanes qui, jusqu'à la fin de la Première Guerre mondiale, dominèrent les pays que sont maintenant le Liban et la Syrie. On va jusqu'à dire que des exemplaires d'un de ses ouvrages, *Esprits rebelles,* furent brûlés sur la place publique à Beyrouth. N'ayant pu vérifier leur authenticité [*], nous n'avons pas inclus ces informations dans la partie biographique qui suit. S'agissait-il d'une excommunication en bonne et due forme, ou d'un simple rappel à l'ordre de la part du clergé ? Cette mesure, toujours selon les mêmes auteurs, aurait été levée en 1931, peu de temps avant la mort de Gibran qui, affaibli par la maladie, n'avait pas eu la force de refuser une clémence non sollicitée. Quant à l'exil, on voit mal comment les autorités civiles avaient la possibilité d'exiler un émigré qui se trouvait hors du pays. Cet exil aurait été révoqué en 1908, lors de la prise du pouvoir par les « Jeunes Turcs ».

Les éditions arabes étant, de manière générale, très imprécises sur les dates de premières publications, il est difficile de se faire une idée chronologiquement exacte de ces événements, si toutefois ils ont eu lieu. On pourrait reconstituer la vérité après consultation d'archives, mais nous avons pensé que ce travail revient à l'historien plus qu'au traducteur et qu'une biographie de Gibran, qui tiendrait compte de la conjoncture sociale et politique de l'époque, reste encore à écrire. Un indice significatif, cependant, à verser au dossier : tout ceux que nous avons interrogés à ce sujet, parce qu'ils semblaient susceptibles de nous renseigner — Libanais et Syriens principalement —, ont répondu que s'ils n'étaient pas sûrs des faits, ils étaient certains que Gibran avait eu maille à partir aussi bien avec le clergé qu'avec les autorités civiles. Que lui reprochait-on au

---

[*] Khalil S. Hawi, son meilleur biographe, affirme que Gibran aurait inventé l'épisode de l'autodafé de ses livres, au cours d'une conversation avec Barbara Young qui propagea la rumeur par la suite. Soif du martyre ? Verve de conteur ? Fantasme d'une imagination débordante ? En l'état actuel de nos connaissances, il nous est impossible de répondre à ces questions.

juste ? De dénoncer dans ses récits — et d'une manière tout à fait explicite, inattendue chez cet adepte de la parabole — la domination ottomane, la complicité avec celle-ci du clergé maronite, des moines en particulier, la simonie pratiquée par ces derniers, l'oppression du paysannat pauvre, la corruption, et, thème récurrent, le statut misérable des femmes brimées par des siècles de tradition misogyne (voir en particulier le roman *Les Ailes brisées*, 1912). Si l'on ajoute à cela que dans ses articles il appelait les populations à se révolter en des termes d'une violence inouïe, on aura de Gibran une image fort différente de celle que l'on se fait de lui habituellement, qui est celle d'un esthète, d'un idéaliste nostalgique de néo-classicisme, voire d'un romantique. On verra *Le Prophète* non plus comme un livre à lire surtout dans la prime jeunesse, ce qui est le cas pour beaucoup d'entre nous, mais comme l'expression d'une quête inlassable et difficile vers la découverte de soi, vers « une plus profonde soif de vie ».

Qu'il me soit permis de passer à un registre plus personnel pour évoquer un autre grand poète qui nous est venu du Levant : Georges Schehadé. Il y a environ dix ans, Georges me proposa de collaborer avec lui à une nouvelle traduction du *Prophète*. J'acceptai avec joie mais, occupée que j'étais par d'autres travaux, je laissai filer le temps. On a toujours l'impression d'en avoir suffisamment devant soi, jusqu'à ce qu'un événement inattendu vous contredise brutalement. Georges mourut, et à la peine partagée par tous ses amis de voir partir un homme aussi délicieux s'ajouta, pour moi, le regret de n'avoir pas su profiter d'une chance aussi rare : pétrir la matière de la poésie en compagnie de cet authentique poète.

Ce qu'il souhaitait faire se situait à mi-chemin entre la traduction et la transposition. Nous avons cherché ensemble un mot qui conviendrait à ce genre d'opération, mais nous n'en avons pas trouvé. Certes, un *Prophète* avec Georges Schehadé aurait été différent de celui que je présente aujourd'hui en m'inspirant de la vision nouvelle de Gibran que m'a donnée Adonis et en m'appuyant sur ses conseils. Je n'ai pas essayé de reconstituer cette traduction manquée. Je tiens cependant à dédier mon travail à Georges Schehadé en mémoire de notre rencontre et en témoignage de reconnaissance pour le temps qu'il a passé à me parler de sa manière à lui de concevoir la poésie. C'est un précieux souvenir.

Anne Wade Minkowski
Les Astiers, juillet 1991

VIE DE KHALIL GIBRAN

1883-1931

1883. Naissance de Khalil Gibran * dans le village de Bcharré, situé sur un plateau qui surplombe le Wadi Qadicha (Vallée Sainte), dans le nord du Mont-Liban. Cette région, d'une sauvage beauté, avoisine les forêts de grands cèdres. Son père est marchand de moutons, éleveur à ses heures, et s'occupe de ses biens. Il semble avoir joué dans la vie de Gibran un rôle moins important que celui de la mère, Kamila Rahmé, fille d'un prêtre maronite et veuve d'un premier mari avec qui elle avait déjà fait l'expérience de l'émigration et dont elle avait eu un fils, Pierre. Deux filles naîtront après Gibran : Sultana et Mariana.

1895. La mère et les quatre enfants émigrent aux États-Unis cependant que le père reste au pays. Ils s'installent à Boston où de nombreux parents et amis les ont précédés. Les trois plus jeunes enfants vont à l'école. Pierre, le demi-frère, tient une épicerie et subvient aux besoins de la famille.

1897. Gibran, en qui les siens plaçaient tous leurs espoirs, retourne en Orient pour être scolarisé en arabe et, accessoirement, apprendre le français. Il est pensionnaire au collège religieux d'al-Hikmat à Beyrouth pendant cinq ans, passe les étés dans son village natal et voyage dans diverses parties du Moyen-Orient. Puis il visite la Grèce, l'Italie et l'Espagne, avant de gagner la France.

* De son nom complet, Gibran Khalil Gibran. Une erreur administrative a fait qu'aux États-Unis Khalil est devenu Kahlil. D'autre part, on trouvera de nombreuses graphies du nom Gibran qui s'écrit Joubrane, Gubran, Djibran, Djabrane, etc. Ceci en raison du caractère fluctuant des voyelles en arabe et des divers systèmes de transcription utilisés.

1901. Séjour de deux ans à Paris, pendant lequel Gibran écrit, dessine, se perfectionne en français.

1903. Il repart pour Boston où sa sœur Sultana vient de mourir de tuberculose. Atteint du même mal, Pierre est emporté peu après. Puis, à la suite d'une longue et pénible hospitalisation, c'est le tour de Kamila, la mère. Gibran et Mariana restent seuls dans des conditions matérielles très précaires. Prête à tous les sacrifices, Mariana exécute des travaux de couture pour que son frère conserve toutes ses chances de réussir une carrière artistique.

1904. Gibran expose ses œuvres dans la galerie d'un ami. À cette occasion il rencontre Mary Haskell, une Bostonienne, qui devient son amie et sa mécène dans une relation exemplaire où affection et respect mutuels ne se démentiront jamais. Une correspondance importante s'établit entre eux. 1904 est aussi l'année où il fait la connaissance d'Amin Ghorayeb, éditeur du quotidien *Al-Muhajir*, publié en arabe à New York. Gibran envoie au journal des contributions régulières — poèmes, essais, récits — qui seront rassemblées plus tard, en 1914, dans un volume intitulé *Larmes et sourires*.

1908. Grâce à l'aide de Mary Haskell, Gibran passe de nouveau deux ans à Paris pour compléter son éducation artistique. Il fréquente l'atelier de Rodin et rencontre de nombreuses personnalités du monde des arts et des lettres. Il poursuit son œuvre littéraire en arabe et s'attire les foudres des critiques du Moyen-Orient, choqués par des prises de position contre le clergé maronite et contre la domination ottomane qu'ils estiment dangereusement révolutionnaires.

1910. Retour aux États-Unis. Gibran quitte Boston pour New York où il habitera jusqu'à la fin de sa vie.

1912. Rencontre épistolaire avec May Ziadeh, une jeune intellectuelle libanaise qui vit au Caire. Elle l'admire et soutient ses appels à la révolte contre les Turcs. Leur correspondance amicale-amoureuse se poursuit jusqu'à la mort de Gibran, dix-neuf ans plus tard, sans que jamais leurs chemins se croisent.

1916. Gibran prend une part active au comité de soutien qui s'est formé aux États-Unis pour venir en aide aux populations du Liban et de la Syrie, affaiblies par la famine et la maladie résultant de la Guerre Mondiale. Au même moment, il écrit un de ses textes les plus engagés, « Mon peuple est mort ».

1918. Publication du premier livre de Gîbran écrit en anglais : *The Madman (Le Fou)*. À partir de cette date, Gibran écrit et en arabe et en anglais, mais ne se traduit pas, laissant ce soin à d'autres.

1919. La santé de Gibran a commencé à se détériorer. Il noue des relations avec les principaux éditeurs de journaux et de revues arabes, aussi bien en Égypte et au Moyen-Orient qu'aux États-Unis.

1920. Fondation à New York de « Al-rabitat al-qalamiyyat », cercle littéraire composé de quelques écrivains d'origine arabe dont Gibran est la figure de proue. Axé sur la modernité, le cercle tient des réunions et publie une revue.

1921. L'état de santé de Gibran empirant, il va à Boston pour se faire soigner et se reposer auprès de sa sœur Mariana. Dans sa valise, le manuscrit du *Prophète*, prêt pour la publication. Ce texte était en germination depuis bon nombre d'années, depuis le temps où il n'écrivait qu'en arabe. On dit qu'il le recommença plusieurs fois avant de lui donner sa version définitive.

1923. Publication du *Prophète*. Le livre connaît un succès presque immédiat. La peinture de Gibran est exposée en de nombreux endroits et se vend bien. Il n'a plus de soucis matériels mais il est maintenant très seul. Mary Haskell s'est mariée et May Ziadeh n'a jamais pu se résoudre à franchir les mers pour le rejoindre. Lui-même est trop épuisé pour tenter un retour vers l'Orient, bien qu'il rêve de se retirer dans le Wadi Qadicha. C'est à ce moment qu'il rencontre la dernière amitié féminine de sa vie, celle qui éclairera les années qu'il lui reste à vivre. Barbara Young, jeune et belle, devient sa confidente, sa collaboratrice, et, après sa mort, sa biographe et la fervente promotrice de son œuvre.

1928. Publication de *Jésus, fils de l'Homme*, peut-être un des livres les plus révélateurs de Gibran. Il semble indiquer un retour aux sources vives d'un christianisme non encore institutionnel. Sentant ses jours mesurés, Gibran se consacre de plus en plus à son travail. Il illustre lui-même ses ouvrages.

1931. Gibran meurt dans un hôpital de New York. Comme pour le Prophète, son histoire se termine par un embarquement en direction du levant. Son corps va reposer dans la terre natale qu'il n'avait pas revue depuis plus de trente ans, et précisément dans le couvent de Mar Sarkis qui représentait pour lui le lieu de la sérénité.

ORIENTATION BIBLIOGRAPHIQUE*

L'ŒUVRE DE GIBRAN

en arabe :

Les Œuvres complètes de Gibran Khalil Gibran, 2 vol., éd. Dar Sadir, Beyrouth, 1959. (Ces ouvrages comprennent les textes écrits en arabe et les textes écrits en anglais puis traduits en arabe.)

en anglais :

L'œuvre de Gibran écrite en anglais a été publiée par les éditions Alfred A. Knopf, à New York.

The Madman, 1918.
Twenty Drawings, 1919.
The Forerunner, 1920.
The Prophet, 1923.
Sand and Foam, 1926.
Jesus the Son of Man, 1928.
The Earth Gods, 1931.
The Wanderer, 1932.
The Garden of the Prophet, 1933.
Prose Poems, 1934.

* Les dates sont celles de la première publication. Tous les livres dont il est fait mention ici ont été réimprimés plusieurs fois. Par commodité, les titres des livres arabes sont donnés en français.

Chez le même éditeur, en traduction de l'arabe :

Nymphs of the Valley, 1948.
Spirits Rebellious, 1948.
A Tear and a Smile, 1950.

Aux éditions William Heinemann, à Londres, on trouve les mêmes titres, et, traduits de l'arabe :

The Broken Wings, 1959.
The Voice of the Master, 1960.
A Self-portrait, 1960.
Thoughts and Meditations, 1961.
Spiritual Sayings, 1963.
Lazarus and his Beloved (a one-act play), 1973.
A Treasury of Kahlil* Gibran, 1974.

L'œuvre de Gibran écrite en arabe a été par ailleurs presque entièrement traduite en anglais et publiée aux éditions The Citadel Press à New York. On la trouve dans les ouvrages suivants :

A Treasury of Kahlil Gibran, 1947.
A Second Treasury of Kahlil Gibran, 1957.
A Third Treasury of Kahlil Gibran, 1965.

Une grande partie du contenu de ces trois volumes a été rassemblée en un seul sous le titre :

The Treasured Writings of Kahlil Gibran, Castle Books, 1985.

en français (traduit de l'anglais) :

Le Prophète, éd. Casterman, 1956, trad. par Camille Aboussouan.
Le Prophète, éd. Sindbad, 1982, trad. par Antoine Ghattas Karam.
Le Prophète, éd. Albin Michel, 1990, trad. par Marc de Smedt.
Le Jardin du Prophète, éd. Casterman, 1979, trad. par Claire Dubois.
Le Fou, éd. Asfar, 1987, trad. par Anis Chahine.
Le Sable et l'Écume, éd. Albin Michel, 1990, trad. par Jean-Pierre Dahdah et Marijke Schurman.

---

* Concernant la graphie du nom, voir la note p. 118.

Jésus, fils de l'Homme, éd. Albin Michel, 1990, trad. par Jean-Pierre Dahdah et Marijke Schurman.

en français (traduit de l'arabe) :

La Voix ailée, Lettres à May Ziyada traduites de l'arabe et présentées par Salma Haffar Al-Kouzbari et Suheil B. Boushrui, éd. Sindbad, 1982.

SUR GIBRAN

en arabe :

Tawfiq Sayegh, *Lumières nouvelles sur Gibran,* Beyrouth, 1966.

en anglais :

Barbara Young, *This Man from Lebanon — A Study of Kahlil Gibran* (1ʳᵉ éd. : Syrian American Press, New York, 1931), éd. Knopf, New York, 1944.

Mikhaïl Naimy, *Gibran Khalil Gibran, a Biography* (paru en arabe en 1934), éd. The Philosophical Library, New York, 1950 ; rééd. Quartet Books, Londres, 1988.

Virginia Hilu, *Beloved Prophet, The Love Letters of Kahlil Gibran and Mary Haskell,* éd. Knopf, New York, 1972.

Khalil S. Hawi, *Kahlil Gibran, His Background, Character and Works,* Beyrouth, 1972, Londres, 1982.

J. and K. Gibran, *Khalil Gibran, His Life and Works,* éd. New York Graphic Society, New York, 1974.

en français :

Mikhaïl Nouaymé, *Gibran Khalil Gibran, sa vie et son œuvre,* éd. Nawfal, Beyrouth, 1934.

Antoine Ghattas Karam, *La Vie et l'œuvre de Gibran,* éd. Al-Nahar, Beyrouth, 1981.

Khalil Gibran, poète de la sagesse, n° 83 de la revue *Question de*, éd.
  Albin Michel, 1990.

en anglais et en français :

Les volumes publiés par Citadel Press comprennent des textes
sur la vie et l'œuvre de Gibran. Une partie en a été reproduite au
Canada, en français, par Presses Sélect Ltée, Montréal.

Impression Bussière à Saint-Amand (Cher),
le 25 mai 1992.
Dépôt légal : mai 1992.
1er dépôt légal dans la collection : janvier 1992.
Numéro d'imprimeur : 1593.
ISBN 2-07-038480-2./Imprimé en France.